推薦のことば

　大学で学ぶことの目的や目標は、学生諸君により諸種であると思います。しかしながら、深い専門的知識や高度な技術、そして幅広い教養の習得を大学教育の主要な目的とすることに異存のある人は、少ないと思います。この目的達成のため岡山大学は、高度な専門教育とともに、人間活動の基礎的な能力である「教養」の教育にも積極的に取り組んでいます。

　限られた教育資源を活用し大学教育の充実を図るには、効果的かつ能率的な教育実施が不可欠です。これを実現するための有望な方策の一つとして、個々の授業目的に即した適切な教科書を使用するという方法があります。しかしながら、日本の大学教育では伝統的に教科書を用いない授業が主流であり、岡山大学においても教科書の使用率はけっして高くはありません。このような教科書の使用状況は、それぞれの授業内容に適した教科書が少ないことが要因の一つであると考えられます。

　適切な教科書作成により、授業の受講者に対して、教授する教育内容と水準を明確に提示することが可能となります。そこで教育内容の一層の充実と勉学の効率化を図るため、岡山大学では平成２０年度より本学所属の教員による教科書出版を支援する事業を開始し、これまでに、数多くの学生に使用されています。

　岡山大学では学生たちの学びを強化するために、60分授業＆4学期制の導入や授業方法の改善など積極的に様々な改革に取り組んでいます。そして教養教育の改革の一つとして、初年次の全学生に対して必修科目として『岡山大学入門講座』及び『キャリア形成基礎講座』を開講しています。本書は、そのための教科書として学生たちがこれから本学で学び、社会へ羽ばたくために必要不可欠な内容を網羅しています。

　そのため、本書は当該授業科目を学生たちが受講する上で、有効な「学びの架け橋」となることを期待して推薦いたします。

　また、今後も岡山大学オリジナルの優れた教科書が出版されていくことを期待しています。

令和元年12月

国立大学法人 岡山大学

学長　槇野　博史

目　次

推薦のことば

第Ⅰ章　岡山大学生をスタートするあなたへ
―スタートアップ編―

第Ⅱ章　あなた自身を守るために知っておくべきこと
―セルフマネジメント編―

第Ⅲ章　自分・大学・社会を知り、人生について考える
―キャリアデザイン編―

『岡山大学入門講座&キャリア形成基礎講座2020』執筆者一覧

第I章
岡山大学生をスタートするあなたへ
スタートアップ編

1. 大学生としてのスタートを切るために

　岡山大学へ入学したみなさんは、将来に向けて自分自身の夢や希望を持っていることでしょう。そして、みなさんのひとりひとりが、大学での学びを通じて成長し、これからの社会を担っていく人材として、大いに期待されている存在です。ところで、大学に入学すると、呼び方が「生徒」から「学生」に変わりますが、何故でしょうか。理由のひとつとしては、高校までの学びと大学の学びに大きな違いがあることが挙げられますが、一体何が違うのでしょうか？最初に、学びの違いは何かということと、これから学びの場となる大学には、そもそもどのような役割があるのかについて考えてみましょう。

A. 高校までと大学との学びの違いについて、書き出してみよう。

B. 大学にはどのような役割があるのか、書き出してみよう。

　AとBについて書き出すことができましたか？隣の人どうしで、内容を見比べると、自分自身と似たような意見や異なる意見、もしくは自分が思いつかなかった意見が記載されているかもしれません。いずれにせよ、それぞれの問いかけで重要な点は、「A．高校までと大学との学びの違い」を頭の中で理解するだけではなく、大学での学びを実際に取り組んでいくことです。また、「B．大学にはどのような役割があるのか」を理解し、自分と社会とを結び付けて考え、大学を構成する一員として行動していくことです。

岡山大学がみなさんに求めること

　岡山大学は、1870年に創設された岡山藩医学館と、1900年に設置された旧制第六高等学校の伝統を受け継ぎながら、1949年に設立され、先人からの知識や経験を積み重ねて、社会の発展に貢献してきました。先ほどは、大学にはどのような役割があるのか、について考えてみましたが、ここでは、みなさんが入学した岡山大学が掲げている理念と目的がどのようなものか、触れてみましょう。

理念：高度な知の創成と的確な知の継承

　人類社会を安定的，持続的に進展させるためには，常に新たな知識基盤を構築していかねばなりません。岡山大学は，公的な知の府として，高度な知の創成（研究）と的確な知の継承（教育と社会還元）を通じて人類社会の発展に貢献します。

目的：人類社会の持続的進化のための新たなパラダイム構築

　岡山大学は，「自然と人間の共生」に関わる，環境，エネルギー，食料，経済，保健，安全，教育等々の困難な諸課題に対し，既存の知的体系を発展させた新たな発想の展開により問題解決に当たるという，人類社会の持続的進化のための新たなパラダイム構築を大学の目的とします。

　このため，我が国有数の総合大学の特色を活かし，既存の学問領域を融合した総合大学院制を基盤にして，高度な研究とその研究成果に基づく充実した教育を実施します。

　あらたまった表現の文章ですが、「B．大学にはどのような役割があるのか」で、みなさんが書き出した点と近い内容が見つかるかもしれません。また、岡山大学の理念と目的を達成するために、「ディプロマポリシー（Diploma Policy）」というものが掲げられています。ディプロマポリシーでは、岡山大学が人材の育成について不断の努力を行うとともに、大学の学びを通してみなさんに身につけて欲しいことがらが示されています。日本国内においては、少子高齢化、所得の格差、都市と地方、エネルギー、災害、安全保障などの領域でさまざまな課題に直面しています。また、国際的には、戦争やテロ、難民、地球温暖化などの課題がさらに山積しています。大学の学びを通して、社会に多くの課題があることを理解し、多様な視点から物事を分析することで、解決の糸口を探る姿勢を身につけることが求められています。

岡山大学のディプロマポリシーは，学生が本学を卒業するにあたって，以下の学士力を基本的に習得し，知の継承者となることを保証するための目標である。

・人間性に富む豊かな教養【教養】

　　自然や社会の多様な問題に対して関心を持ち，主体的な問題解決に向けての論理的思考力・判断力・創造力を有し，先人の足跡に学び，人間性や倫理観に裏打ちされた豊かな教養を身につけている。

・目的につながる専門性【専門性】

　　専門的学識と時代を担う技術を身につけていると共に，それらと自然・社会とのつながりを意識し，社会に貢献できる。

・効果的に活用できる情報力【情報力】

　　必要に応じて自ら情報を収集・分析し，正しく活用できる能力を有すると共に，効果的に情報発信できる。

・時代と社会をリードする行動力【行動力】

　　グローバル化に対応した国際感覚や言語力と共に，社会生活に求められるコミュニケーション能力を有し，地球規模から地域社会に至る共生のために，的確に行動できる。

・生涯に亘る自己実現力【自己実現力】

　　スポーツ・文化活動等に親しむことを含めて，自立した個人として日々を享受する姿勢を一層高め，生涯に亘って自己の成長を追求できる。

岡山大学の取り組みについて

　　上述の理念、目的、そしてディプロマポリシーに基づいて、岡山大学では様々な教育的な取り組みを行っています。まず、岡山大学学生のみなさんがディプロマポリシーに掲げられた力をどれだけ獲得・向上しているのかを可視化するための「Q-cumシステム」があります。次に、大学での学修に加えて正課外活動や国際体験などに取り組んできた学生を「高度実践人」として認定するシステムもあります。これらは岡山大学独自の取り組みであり、学生のみなさんの学びのために構築したものです。それぞれ次ページ以降に紹介しておきますので、ぜひ知っておいてください。

学士課程教育構築システム
(*DP* **Q**ualification and **C**urriculum **M**anagement System;Q-cum システム)

　大学は、教育の質保証を図るため、その大学が掲げる学位授与方針（ＤＰ）に照らして教育内容やカリキュラムを継続的に点検し、常に最適な教育を提供すること（持続的なカリキュラム・マネジメント）が求められている。

　Q-cum system 導入の目的は、このカリキュラム・マネジメントを、教職員に大きな負担を強いることなく、持続的に遂行できる体制を構築することにある。加えて、学生が獲得した学習成果を、ＤＰに照らして、学生と教員の双方が容易に評価できるようにすることを意図している。

[Q-cum システムの目的]
１）持続的なカリキュラム・マネジメント
　　ＤＰに照らして教育内容やカリキュラムを常時検証し、その結果をカリキュラムの改善に反映させ、常に最適な教育を提供する
２）可視化
　　学生が獲得した学習成果をＤＰの視点（学士力）から可視化し、学士力達成状況を学生と教員が共有すると共に、学習プランの策定や学生指導に活用する
３）質保証
　　卒業時までに修得すべきとされる学士力を獲得しているかどうかを検証する

[Q-cum システムの概略]
　本システムは、教育関係の各種データに基づき、カリキュラム改善のための基礎資料となる「科目分布表」及び「科目分布チャート」を作成する科目分布システム、並びに学生の学士力を把握するための「学士力評価チャート」を作成する学士力チャートシステムで構成されている。

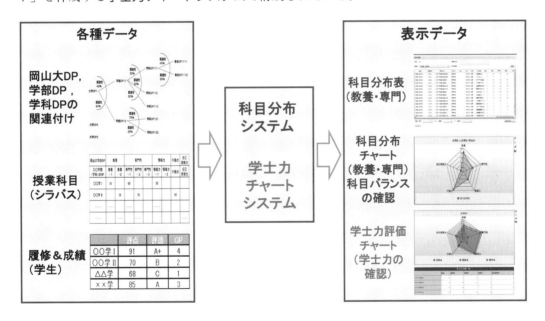

[科目分布システム（科目分布表・チャート作成システム）]
　学士課程教育の構築に当たって、学部・学科ＤＰの視点からカリキュラムや教育内容を点検し、問題点や課題を抽出する必要がある。科目分布システムは、学部・学科ＤＰとその学部・学科が開講する授業科目との関連付けを科目分布表のかたちに集計、整理するとともに、科目分布チャートとして図示するシステムであり、問題点や課題抽出の際の基礎資料となる。

　学部・学科ＤＰと授業科目との関連付けは、授業担当教員が、シラバス入力システムのＷｅｂ入力画面上で、担当授業科目と学部・学科ＤＰとの関連を入力することにより行う。入力された授業科目と学部・学科ＤＰとの関連付けデータは、科目分布システムに読み込まれ、学部・学科ごとの科目分布表及び科目分布チャートが作成される。もし、このようなカリキュラム改善のための基礎資料作成を手作業（例えば、ＫＪ法）

でその都度行うとすると、多大な時間と労力を要すため、教員にとって、継続的にカリキュラムの改善を図るには大きな負担となる。科目分布システムは、この難点を克服するものであり、授業科目の新設や改廃が、学部・学科DPに照らしてみた時、カリキュラム内容にどのように影響するかを即座に可視化して把握することができる。

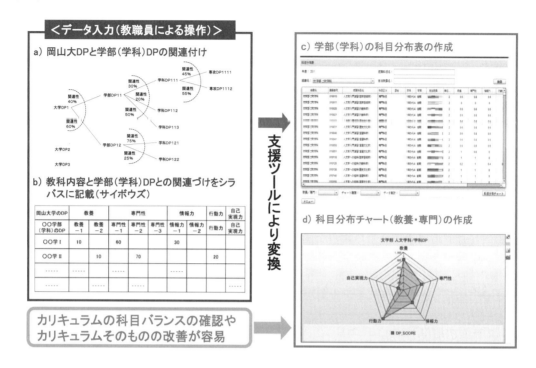

[学士力チャートシステム（学士力評価チャート作成システム）]

　学士力チャートシステムは、大学DPや学部・学科DPに関する学生の学習達成度をレーダーチャート等のグラフ形式で表示する。このシステムは、科目分布システムと学務システムのデータを参照しており、一人一人の学生が履修した授業科目のDPポイントを集計し、その結果をグラフ形式の学士力評価チャートで表示することにより、各学生の学士力達成状況を一目で分かるようにしたものである。

　本システムによる情報は、学生が自分自身の学士力到達度を学期ごとに自己評価し、次の学期の履修計画を立てるうえで有効であるだけでなく、その情報を指導教員と共有して今後の学習目標について指導を受ける際にも極めて有効である。さらに、本学の全授業科目が大学DP及び学部学科DPと関連付けられていることから、学士力に関する本学の教育目標の達成度を客観的な指標により検証することも可能となる。

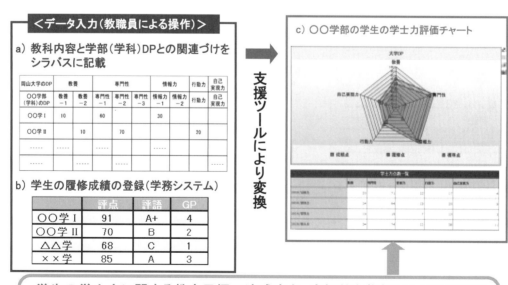

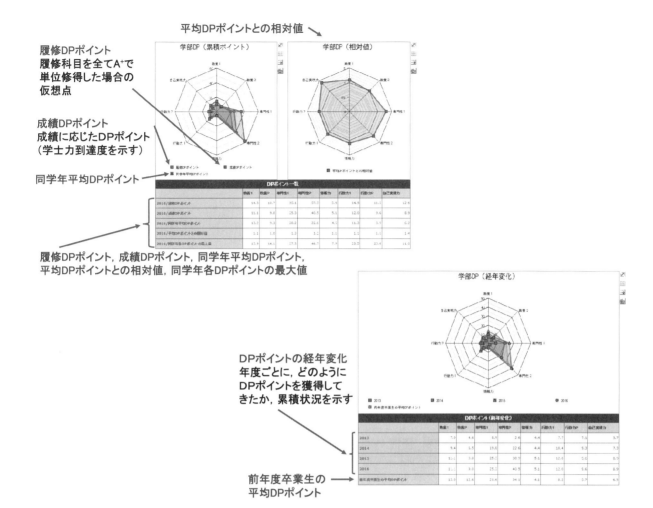

平均DPポイントとの相対値

履修DPポイント
履修科目を全てA⁺で
単位修得した場合の
仮想点

成績DPポイント
成績に応じたDPポイント
（学士力到達度を示す）

同学年平均DPポイント

履修DPポイント, 成績DPポイント, 同学年平均DPポイント,
平均DPポイントとの相対値, 同学年各DPポイントの最大値

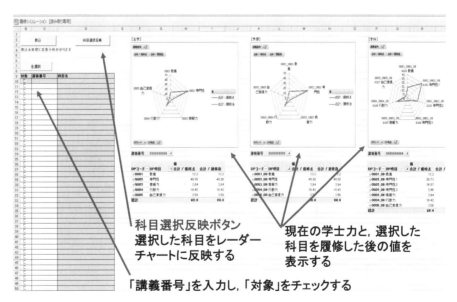

DPポイントの経年変化
年度ごとに, どのように
DPポイントを獲得して
きたか, 累積状況を示す

前年度卒業生の
平均DPポイント

履修シミュレーション

科目選択反映ボタン
選択した科目をレーダー
チャートに反映する

現在の学士力と, 選択した
科目を履修した後の値を
表示する

「講義番号」を入力し, 「対象」をチェックする

[科目分布一覧]

　科目分布一覧とは、授業科目の開講学部・学科等別に、開講されている科目のＤＰポイント等を表示する一覧表であり、科目名や授業担当教員名で検索することが可能なことから、履修登録の際の参考になる。

[学士力一覧]

　シラバスでは、教養教育科目は教養教育ＤＰ要素と、専門教育科目は各開講学部・学科のＤＰと関連付けされているが、システム設定により、自動的に他学部のＤＰに組み替えることができるようになっているので、学生が他学部・他学科開講の科目を履修して得たＤＰポイントも、その学生の所属学部・学科の学士力達成度に変換される。

社会、そして世界へ羽ばたく人財を認定する制度が岡山大学にある！
高度実践人

「高度実践人」は、3基幹力×3側面のポイントで認定されます！

高度実践人
（グローバル）

高度実践人

教養教育科目GPA

専門教育科目GPA

外部英語試験成績

実践型社会連携科目GPA

他学部開講科目GPA

留学等

教養力　基礎条件　異社会

語学力　専門力　異分野　異文化

3基幹力　　　　　　　　　　　　　　　　**3側面**

　「高度実践人」は、大学での学修、正課外活動、国際体験等に裏打ちされた豊かな人間性、卓越した知識と行動力、幅広い視野を兼ね備えていることを証明します。学生の皆さんは、在学中に学修面に加えて、様々な活動に積極的に参加しましょう！

学生の皆さんのポイントは、大学側で把握します！
（皆さんからの申請は不要です）

　上記のポイントは、大学側が3年次末の成績をもって算出して、基準を満たしている学生には大学側から通知があります（学生の皆さんからの申請は必要ありません）。

「高度実践人」に認定されると履歴書等でアピールできます！

　「高度実践人」は、岡山大学に在籍する数多くの学生たちの中でも、とりわけ総合力のある限られた人にしか認定されないものです。この実績は、就職活動などの際の履歴書でもアピールすることができます（※記入例参照）。
　また、社会人になってからも、認定されたことに自信と誇りを持っていただき、より一層活躍してくれることを期待しています。

※履歴書（賞罰欄）記入例

年	月	賞　　　罰
2021	3	高度実践人（グローバル）認定

あらためて大学がどういうところかを考える

　抽象的な説明が多いため、これまでの内容はスッと流れてしまうかもしれません。そして、入学してしばらく経ち、学生生活にも慣れて忙しさが落ち着いてくると、次のような疑問が出てくるかもしれません。ここで答えを用意することはしませんが、そのようなときにはぜひ、友人や先輩、教職員、自分たちとは違う世代の人たちと語り合ってみましょう。

> ・大学生は皆、グローバル社会で活躍することを
> 　目指さなきゃいけないのか？
> ・無駄なものを学ぶことに意義があるって、本当なのか？
> ・そもそも、私たちはなぜ大学で学んでいるのか？

　　　　安達千季ほか編　「ゆとり京大生の大学論 教員のホンネ、学生のギモン」2013から引用

　また、今から時代を遡ること約150年前、哲学者ジョン・ステュアート・ミル（1806－73）は、スコットランドにあるセント・アンドルーズ大学の名誉学長に就任する際、学生たちに対する演説の中で次のような言葉を発しました。少し長くなりますが、これからの大学生活を考えるヒントとして、以下に紹介しますので読んでみてください。

　「専門技術をもとうとする人々がその技術を知識の一分野として学ぶか、単なる商売の一手段として学ぶか、あるいはまた、技術を習得した後に、その技術を賢明かつ良心的に使用するか、悪用するかは、彼らがその専門技術を教えられた方法によって決まるのではなく、むしろ、彼らがどんな種類の精神をその技術のなかに吹き込むかによって、つまり、教育制度がいかなる種類の知性と良心を彼らの心に植え付けたかによって決定されるのです。人間は、弁護士、医師、商人、製造業者である以前に、何よりも人間なのです。有能で賢明な人間に育て上げれば、後は自分自身の力で有能で賢明な弁護士や医師になることでしょう。専門職に就こうとする人々が大学から学び取るべきものは専門的知識そのものではなく、その正しい利用法を指示し、専門分野の技術的知識に光を当てて正しい方向に導く一般教養（general culture）の光明をもたらす類のものです。確かに、一般教養教育を受けなくても有能な弁護士になることはできますが、しかし、哲学的な弁護士、つまり、単に詳細な知識を頭に詰め込んで暗記するのではなく、ものごとの原理を追求し把握しようとする哲学的な弁護士となるためには、一般教養教育が必要となります。このことは、機械工学を含むほかの有用な専門分野すべてについて言えることです。」（J.S.ミル著、竹内一誠訳、「大学教育について」13ページ）

（引用文献）
J.S.ミル著，竹内一誠訳，大学教育について，2011
安達千季，新井翔太，大久保杏奈，竹内彩帆，荻原広道，柳田真弘編　ゆとり京大生の大学論 教員のホンネ、学生のギモン，2013

2. 大学生として必ず知っておいてほしいこと

　私たちは社会の構成員として、より望ましい社会を築くために、これから大学での学びを通して、経験や知識を身に付けるとともに、行動の判断基準を研ぎ澄まし、応用実践していくことを期待されています。また、みなさん自身、将来の夢や希望を実現するためにこれからさまざまな事柄にチャレンジしていくことでしょう。そのような学びと成長の場としての大学には、さまざまなバックグラウンドを持った学生やスタッフが集っています。また、大学環境を支える周辺には閑静な住宅地が広がり、住民の方々が日々の生活を送っています。

　この節は、社会から厚い信頼を受けて自らのキャリアを切り拓く大学生として、多様な立場の人間が集う場で自らの行動規範をどのように定めるか、俯瞰的な立場から自らを捉えて行動するきっかけを提供します。

交通安全、特に自転車の利用について

　岡山大学に入学して最初に驚くのは、通学時の自転車の多さでしょう。平坦な土地が多く、気持ちの余裕があるときに、自転車のペダルを漕ぐのはとても気持ちのいいものです。しかしながら、授業の開始時間や終了時間の前後になると、周辺の道路や交差点は全体を塞ぐほどの交通量となり、時間の焦りや授業が終了した解放感と重なって事故を起こすリスクが高まります。通学時間帯にキャンパス周辺の歩道を歩いてみると、フルスピードで横をすり抜けていく学生、お互いに話をしながら並走してやってくる学生、イヤフォンで音楽を聴いたり、スマートフォンを見たりして周囲に注意が行き届いていない学生など、自転車の運転にヒヤッとさせられます。岡山大学では地域住民のリーダーの方々と年2回、意見交換を主とした懇談の機会がありますが、自転車マナーの悪さについては毎回のように話題にあがります。大学は、マナー喚起のチラシや季節によって警備員の配置などのできるかぎりの対応をしていますが、現状が大幅に改善されたとは言い難い状況です。最近では自転車が歩行者に対する加害の立場となり、高額の保険請求がなされる事例があります。自転車の利用者は、交通事故の被害者の立場に加えて、歩行者や高齢者に対して加害者になりうる可能性について認識を改める必要があります。

　全国的には平成26年6月から改正道路交通法が施行され、自転車の運転に関して、一定の危険な違反行為をして2回以上摘発された運転者は、公安委員会の命令を受けてから3ヵ月以内の指定された期間内に講習を受けなければならなくなりました。危険な行為としては、①信号無視、②通行禁止違反、③歩行者用道路における徐行違反、④通行区分違反、⑤路側帯の歩行者妨害、⑥遮断踏切の立入り、⑦交差点での安全進行義務違反、⑧交差点での優先車妨害、⑨環状交差点での安全進行義務違反、⑩一時停止違反、⑪歩道での歩行者妨害、⑫制動装置（ブレーキ）不良の運転、⑬酒酔い運転、⑭安全運転義務違反、などが挙げられます。もちろんルールを知ることとその遵守は最低限しなければならないことですが、交通参加者には多くの歩行者や、高齢者がいることを認識して、地域との共存という視点から日々の行動を振り返ってみましょう。また、自転車は目的地の近くまで移動可能な便利な乗り物ですが、駐輪場所についても考えてみます。写真2は一般教育棟の建物そばの様子です。移動時間を短縮するためにできるだけ教室の近くに駐輪したいのは皆が考えるところですが、車いす利用者のために設置されたスロープをふさいで

しまっています。これはキャンパス内に限らないことですが、障がいのある学生も学んでいるということを認識してください。

写真1．大学近辺の交差点における通学風景
（大勢の学生が自転車で大学に向かう中、
高齢者が手押し車を押しながら横断している）

写真2．キャンパス内における駐輪風景
（多くの自転車が、障がいを持つ方等のために
設置されたスロープをふさいでいる）

飲酒と薬物乱用の問題について

　入学したみなさんはまだ20歳を越えていない人が大半かと思われます。未成年飲酒は法律で禁じられていますが、国内の大学生（未成年を含む）が一気飲みなどの急性アルコール中毒によって死亡する事件が後を絶ちません。特定非営利活動法ASK（アルコール薬物問題全国市民協会）のデータによれば、1983年から2015年までの33年間で少なくとも152名の学生（大学生、高校生、専門学校生等）が急性アルコール中毒等によって亡くなっています。その中の事例として、例えば、クラブ・サークルの歓迎コンパや合宿中などに起こった事件が挙げられますが、無理に飲むことが当たり前になっている伝統や、体調が悪くなったときに適切な処置がなされなかったことが背景要因に挙げられます。表1には、特定非営利活動法人ASKが実施しているアルハラ110番に寄せられた被害の実態をもとに、そこに共通して見られた固定観念をリスト化したものです。ひとつでも当てはまるものがないか、確認してみてください。また、アルコール代謝酵素の活性は遺伝的に決まっていますので、自分の傾向を大まかに知るために、大学生協などで実施しているアルコールパッチテストを利用してみましょう。

表1．アルコールによる危険度チェック（一つでもあてはまれば意識を改めよう）
特定非営利活動法人ASKホームページhttp://www.ask.or.jp/ から引用

１．飲み会を盛り上げるために「イッキ」は必要	７．乾杯は必ずアルコールですべきだ
２．相手にアルコールを勧めるのは「礼儀」だ	８．酔いつぶしても、吐かせるか寝かせておけば大丈夫だ
３．訓練すればアルコールに強くなる	９．女性がお酌するのは当たり前だ
４．みんなで酔っ払ってこそ連帯感が生まれる	10．未成年でもほんの少しなら飲ませてもかまわない
５．相手の本音を聞こうと思ったら、まず飲ませるのが得策	11．「あのときは酔っていたから」と言い訳することが多い
６．飲めない男性は、なんだか男らしくない	

2008年から2009年にかけて、全国各地で大学生の違法薬物事件が報道されて社会問題となりました。大麻、麻薬、覚せい剤といった薬物は各種の法律によって取り締まりがなされています。最近では、化学構造を似せて作られた危険ドラッグ（かつての名称は合法ドラッグや脱法ドラッグ）が、お香やハーブなどとして販売されてきましたが、改正薬事法によって、類似する化学構造を持つ物質については包括的に所持・使用等が禁止されています。また、岡山県危険な薬物から県民の命とくらしを守る条例が2015年4月19日から施行され、知事が指定する薬物について、その製造、販売、譲渡、所持、使用等を禁じています。薬物乱用とは、そのような違法薬物を1回でも使用することで、「乱用」とみなされるものであり、高校や大学をはじめとした薬物乱用防止教育がなされているところです。それらの依存性や後遺症についてここでは割愛しますが、友人や恋人に誘われて人間関係を優先して断りきれないといった態度を絶対に取らないようにしてください。

SNSの危険性について

　パソコンやタブレット、スマートフォンなどによるSNS（Social Networking Service）は、20代の利用率が97.7％にも及ぶほどとても身近なものとなっています（総務省　平成27年度　情報通信白書）。これほどまでに身近にあり利便性の高いSNSですが、その一方で危険性も孕んでいることを皆さんは知っておかなければなりません。例えば、以下のような点に注意しておきましょう。

　①SNS上の情報にはデマや不確かな情報が多くあります！

　→いろんなことを書かれているけど、その情報の情報元は…

　②SNSで自分の情報を漏えいさせてしまうことがあります！

　→自分の名前やIPアドレスなどが相手に探られる恐れが…

　③SNSで自分自身を傷つけてしまうことがあります！

　→ちょっとした書き込みがあとになってみれば…

　④SNSで他人の情報を漏えいさせてしまうことがあります！

　→他人の写真や様々な情報を勝手にアップすると…

　⑤SNSで他人を傷つけてしまうことがあります！

　→他人の誹謗中傷やいじりを書き込むことは…

偽装サークルについて

　岡山大学には校友会に所属するクラブやサークルや、それ以外にも自主的な活動を行っている学生団体が多くあります。正課外活動への参加は、自分自身の関心を深めたり、学内外の人たちと人間関係を構築したりすることで、学生生活をより充実させたものにします。しかしながら、本当の活動目的を隠して（偽装して）、一般的なスポーツ、音楽、ボランティア活動などの勧誘を行い、人間関係が親密になって気がついた時には、集団のもつ教義などから離れることができなくなるケースが、全国の大学で報告されています。1995年のオウム真理教による地下鉄サリン事件をはじめとして、集団の反社会的活動とそれらに伴う被害についてはたびたびメディアにも取り上げられています。精神的にも、身体的にも、さらに経済的にも被害を受け、勉学の機会が

奪われてしまう場合や、家族や友人との絆が破壊されてしまう場合もあります。岡山大学は学生の思想・信条については関与しませんが、このような集団の活動に関わることで、人権侵害や人格破壊につながる恐れがあると認められる場合には、大学として対応することになります。また、時間をかけずにお金が儲かるなどのうまい話にも要注意です。みなさんにおいても、このような個人や集団から勧誘があったときは冷静に対応できるよう、「断り方」をイメージしてみましょう。

学生生活上、気をつけておきたいこと

　学生生活上のリスクは、その他にも数多く挙げることができます。下宿をして新生活をはじめる学生も多いですが、例えば、窓や扉の施錠は確実に行っていますか？岡山大学の周辺でも、盗難や暴行を伴う侵入事件の被害が発生しています。周囲で事件が起こっても、自分だけは被害に遭わないという認知の歪みの特性を人間はみな持っています。岡山県警察くらしの安全WebMap（http://www3.wagamachi-guide.com/op-webmap/）では、過去1年間の犯罪や不審者情報の実態を地図上で把握することが可能ですので、どのような日時や場所で実際に発生しているか、いちどチェックすると良いでしょう。また、安全・安心の観点から、自分が住んでいる地域の防犯等の取り組みについて、回覧や掲示物などをチェックして関心を持ってみてください。

相談・支援窓口の活用について

　岡山大学の学内には、悩みや不安があったり、トラブルに巻き込まれたりしたときに対応するさまざまな相談窓口があります。入学当初に配付される「学生生活ガイドキャンパスブック」や各学部の「学生便覧」等に記載のある学内の窓口は相互に連携していますので、どの窓口が適切かについて迷う必要はありません。また、学外にも相談・支援機関が設置されています。周囲に相談することや相談・支援窓口を利用することは恥ずかしいことではなく、学生生活や卒業後の人生を送るうえでも重要なスキルです。学生生活に伴う不安やリスクはつきものですが、うまく学内外のリソースを使いながら、充実かつ自立した学生生活を送ることを心から願っています。

（参考文献）
「大学における大麻・薬物問題とその対策」編集委員会編著，大学における大麻・薬物問題とその対策ガイドブック，2010

岡山大学の学生である私たちの信条
『学びに誠実であろう』

私たち岡山大学の学生は、
「高度な知の創成と的確な知の継承」
のために、常に学びに誠実であることを
信条とします

授業における
誠実さ

学びに誠実
であろう

試験における
誠実さ

レポート等に
おける誠実さ

Ⅰ．授業における誠実さ

―授業態度に関する注意―

私たちは、授業を受講する際、以下のことに注意して豊かな学びを創り出します

○私語は慎みます

○授業中の飲食は控えます

○確実に出席します（遅刻・代返などはしません）

○欠席時の連絡をします

○授業中は意欲的に学修へ取り組みます

Ⅱ．レポート等における誠実さ

―剽窃（他人のアイデアを自分のものとして使用すること）に関する注意―

私たちは、レポート等を論述する際、以下のことに注意して確かな学びを創り出します

○他人の意見や構想を、レポート・論文・発表等で、自分のものとして使用しません

○書籍、論文、インターネット上の資料（写真、絵、図、チャートなども含む）を、適切な引用や出典参照をしないで、写して使用しません

○書籍、論文、インターネット上の資料（写真、絵、図、チャートなども含む）を、適切な引用や出典参照をしないで、少しの言い換えやまとめによって自分のものとして使用しません

○他人の書いたレポートや論文、宿題などの課題を、自分のものとして使用しません

Ⅲ．試験における誠実さ

―不正行為に関する注意―

私たちは、試験に臨む際、以下のことに注意して確かな学びを創り出します

○代理（替玉）受験をしたり、させたりしません

○試験時間中に、使用が許可されていないノート及び参考書等並びに電子機器類その他不正行為の手段となり得る物品を参照すること又は使用しません

○試験時間中に、言語、動作又は電子機器類等により他人に教示すること又は教示を受けて解答に利用しません

○答案を交換しません

○試験時間中に、他の学生の答案をのぞき見しません

○試験時間中に、使用が許可されたノート及び参考書等並びに電子機器類を貸借しません

○所持品、電子機器類、身体、机又は壁等に書き込みをして試験に臨みません

○不正行為を幇助しません

○試験時間中に、不正行為の手段となり得る物品を机の棚板（物入れ）に置きません

○監督者の注意若しくは指示に従います

○その他、試験の公正な実施を妨げる行為をしません

3. グローバルな社会を生きる

（1）岡大から"グローバル"へ？―年収200万UPのカギは「英語」だった

　突然ですが、あなたは海外について考えたことがありますか？

　「受験で英語が終わって安心している」「英語の教科書は捨てた」「日本が好きだから海外に行くつもりはない」「海外旅行などは高くて手が出ない」・・・というのが本音かもしれません。今日は"グローバル"について少し考えてみましょう。意外と、身近かもしれません。

【Work1：外国語について】

> **グローバルと聞いて思いつく「外国語（英語含む）」について考えてみよう！**
>
> | | |
> |---|---|
> | Q1．外国語ができなくても困らないと思う | YES　　NO |
> | Q2．自分の将来の仕事には外国語は必要ない | YES　　NO |
> | Q3．外国語を話せる人は自分とは別世界の人だ | YES　　NO |
> | Q4．TOEIC800点以上をとるには、血のにじむような努力が必要だ | YES　　NO |
> | Q5．外国語は必要になってから勉強すればよい | YES　　NO |

　さあ、NOがいくつありましたか？ NOが多い人は外国語の重要性に気付いているようですね。逆にYESが多い人は外国語とはなるべく触れたくない、という普通の日本人です。

プレジデント（2008年5月号）の「英語と年収」の関係についての調査で、TOEIC760点以上、TOEFL540以上、英語検定準一級以上を"英語ができる人"とすると、<u>「英語ができる人の年収は、同世代の平均的な年収よりも高い」</u>という結果が報告されました。その差は209.4万円です。

　もちろん、この年収差の全てが"英語力"の対価ではありませんが、英語が収入UPの1つの要素になっていることは間違いありません。実際、採用や昇格に際して一定の英語力を条件としている企業は珍しくありませんし、今後この傾向はますます増えるでしょう。

　「入学したばかりなのに、また勉強か」と落胆する前に次の質問です。

【Work2：海外について】

◎あなたの思う「グローバルな人」を書いてみよう？？

　　　（例：どんな仕事をしている？　どんな能力？　どんな考え方？）

◎グローバル社会で活躍するのが難しい理由とは・・・・

　今まで日本で普通に生活してきたあなたが「グローバルな人」になるためには、次の4つのハードルがあります。

　　① **語学**（英語が嫌い＆苦手、英語は単位が取れればいい）

　　② **カルチャー**（外国のことを知らない、外国人に対してネガティブな印象がある）

　　③ **能力**（海外に適応できない、友達ができない、枕が変わると眠れないなど）

　　④ **アイデンティティ**（自分が分からない、どうしたらよいかわからない、興味がない）

　どうやら、グローバル人材に必要な要素は、英語だけという話でもないですね。
実はこれらの**ハードル**は**体験することによって超えられます！** 社会人になると時間的制約、社会的プレッシャーが大きくなるため、色々なことにチャレンジできる学生の「**今**」がチャンスです。

　では、グローバルな体験といってもそもそもどんなものがあるの？

と、その前に！そうは言われても、自分の今の状況を知らなければ先に進めないので…

【Work3：グローバル検定】

◎あなたのグローバル度チェック！！

		YES	NO
Q1.	行ってみたい国/地域がある	YES	NO
Q2.	将来やりたいことが決まっていない	YES	NO
Q3.	外国語ができたらいいと思う	YES	NO
Q4.	新しいもの好き	YES	NO
Q5.	話すことが好き	YES	NO
Q6.	食べることが好き	YES	NO
Q7.	色々な人と友達になりたい	YES	NO
Q8.	洋楽またはスポーツが好き	YES	NO
Q9.	英語が好き	YES	NO
Q10.	学生時代に外国語をマスターしたい	YES	NO

　　YESの数をチェック　　Q1～7で＿＿＿＿個、Q8～10で＿＿＿＿個

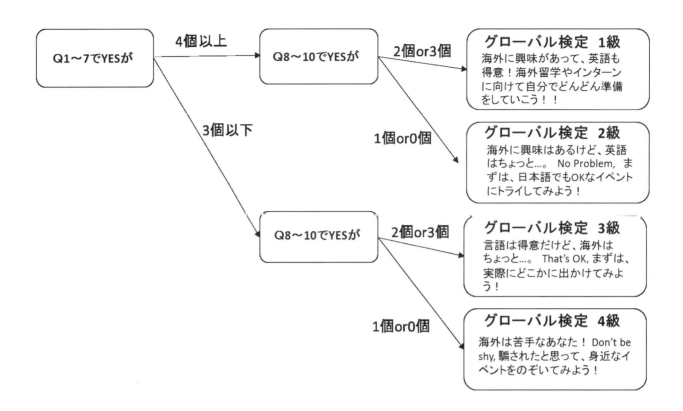

【Work4：やってみたいことを探そう！】

今すぐやってみたいことに☑、今後やってみたいことに○をつけよう

STEP1：超お手軽！海外を知ろう！　　　￥０〜　　１時間〜　　英語不要

　□近くの外国レストランに行ってみる

　□ガイドブックを立ち読みする。生協で海外旅行のパンフレットをもらってくる

　　　　世界は思ったより広い。こんなのあったんだ！ときっと思います

　　　　時間のある学生のうちにどこかに一度は海外デビューしたくなる？

　□グローバル人材育成院の各種説明会に参加する。メーリングリストに登録する

　　　　語学研修、グローバル研修などの案内が送られてきます

　　　　　　問合せ先：一般教育C棟一階国際部留学交流課

　□岡山/倉敷市や県のイベントに参加してみる

　　　　岡山も、思ったよりも世界とつながっています

　□岡山大学「留学のススメ」を読んでみる

　　　　留学にいった先輩の体験談がたくさん載っています

STEP2：グローバルへの第一歩! 岡山でやってみる!　　¥0〜　1時間〜　中学生程度の英語力
　　　　　　　□L-café（一般教育A棟別館　一階）に行ってみる
　　　　　　　□授業、L-café、大学生協、その他のイベントで留学生に話しかけてみる
　　　　　　　□交換留学生のバディ（ボランティア）をやってみる（募集時期：1月と7月）
　　　　　　　　　　　問合せ先：一般教育C棟一階国際部留学交流課
　　　　　　　□気になる国/地域に関係する授業を履修する
　　　　　　　□L-caféのイベントに参加する

STEP3：パスポートが要る、グローバル体験!　　¥100,000〜　1 week〜　高校生程度の英語力
　　　　　　　□岡山大学のスタディツアーに参加する（10日前後、単位をとれるのもあり）
　　　　　　　□趣味や特技を身に着ける、おけいこ留学に行く（大学生協、旅行代理店）
　　　　　　　□外国語を学ぶ、語学研修に参加（岡大主催は、アメリカ、イギリス、オーストラリアなど）
　　　　　　　□海外ボランティアに挑戦する

STEP4：ガッツリ海外、人生が大きく変わる!　　¥250,000〜　1 month 〜　TOEFL, IELTS
　　　　　　　□岡山大学交換留学（EPOK、学部間交流、ODAPUS、MRIなど）
　　　　　　　□海外長期インターン（IAESTE、その他）
　　上に紹介したのは一例です。身近なリソースを使って、いろいろリサーチしてみよう。

◎今後、4年間の目標と行動計画をつくろう!!
○将来の夢や目標：

○英語力の目標：
　　　　　　　□塾で教えられるレベル　　　　　　□海外旅行での会話レベル
　　　　　　　□日常生活での会話レベル　　　　　□仕事上の文書・会話レベル

○外国語（　　　　　　　　　語）の目標：
　　　　　　　□塾で教えられるレベル　　　　　　□海外旅行での会話レベル
　　　　　　　□日常生活での会話レベル　　　　　□仕事上の文書・会話レベル

○１年生前期の行動計画：

○大学４年間の行動計画：
   卒業までにSTEP＿＿＿＿＿＿までクリアする

（2）より自由に、なりたい自分になるために "Go Global！"

　私は岡山大学で８年にわたって学生のグローバル化に取り組んできました。その経験をたった二つのポイントに凝縮するなら以下の二点になります。

① 異文化の環境に身を置けば・・・頭脳と精神が逞しくなる！！
　　（例：外国人と吉備路巡りをしていて、「お地蔵さん」について尋ねられて、困った！日本人同士なら誰もそんなこと話題にもしないのに・・・）
② 日本で（日本人として）逞しく生きていくためにこそ！！
　　（全員に国連職員や外交官になりなさい、外資系やNGOに入って海外で働きなさいと言っているわけではない、日本でまっとうに暮らしていけるためにこそ！）

　要するに、「若い時代に外国を、異文化を経験しなさい」ということ。より詳しくは拙著『国際学入門マテリアルズ』（岡山大出版会）参照。
　以下に、大学が提供するプログラムを最大限利用して、自らをグローバル化することに成功した事例を掲げます。皆さんに是非、彼の真似をして欲しいです。

小川秀樹（現：千葉大学教授）

高井智光君の事例：大学の国際プログラムが私をグローバルにしてくれた！

　みなさんこんにちは。岡山大学経済学部経済学コース４年生の高井智光です。岐阜県関商工高等学校出身です。今回は私が学部時代に経験してきた海外体験について書かせて頂きたいと思います。
　大学２年生時に行ったタイ、カンボジアを始めとし、これまでにシンガポール、アメリカ、パレスチナ、中国、韓国、インドに行くことが出来ました。そのうちアメリカはEPOK（岡山大学の交換留学制度）を利用して、2013年８月から2014年６月までCalifornia State University Fullertonに１年間留学し、インドでは2014年12月から15年２月にかけて経済産業省の国際即戦力インターンシップ事業を通し、インドでMicrofinanceのパイオニアであるBasixという企業で３ヶ月間のインターンをしてきました。また、アメリカ留学中の2013年11月にはパレスチナの政府主催のイベント、Palestine Weekに参加した時にはパレスチナの大統領であるモハメド・アッバス議長にもお会いできました。

　ことの始まりは、大学2年生時に参加した岡山大学国際センター（現：グローバル人材育成院）の小川秀樹先生がつくられたプログラム、タイとカンボジアに行き国連、JICA、NGOの機関を訪ね、現地で活躍される日本人の方にお会いし、現地の学生とも交流する機会を持てたことが大きかったように思います。同じプログラムに参加しておられた先輩方で、既に交換留学に行かれた方々が流暢に英語を使いこなしている姿に強く憧れると共に、海外で出会った日本人の方々が、厳しい現実のなかで逞しく活動されている姿にとても感銘を受け、「自分もこの方々のようになりたい！」「世界で働きたい！」と思ったものです。

　とは言ってもすぐに海外に行けるほどの軍資金を持ち合わせていたわけでもなかったので、タイ・カンボジアから帰ってきた後に交換留学制度のEPOKに応募するためにTOEFLの勉強を始め、興味のあったNGOの活動としてアフリカ支援のためのTICAD Vの活動に岡山で参加しました。

　もともと英語が得意であったわけではなかったためにTOEFLの勉強はとても苦労しました。どれだけ勉強しても伸びが感じられず、また、同じ年度にEPOKに応募したメンバーの友人たちが早々とTOEFLの必要なスコアを取っていくのを横目で見ながら、もう諦めた方がいいのではないかと何度も思いました。石にかじりつく思いで勉強し、なんとか校内選考を突破し、JASSOからの奨学金が支給されることが決まったときはとても嬉しかったのを覚えています。今思うとあの時に諦めなくて本当に良かったと思いました。

　大学1年生の頃からEnglish Café（現：L-Café）に行き、留学生とよく交流していたつもりだったので、アメリカでは初めの学期から難しい授業を取りすぎて、毎日必死になりながら勉強した日々を今でも覚えています。最初は成績が悪くて2学期目を履修することが出来ずに日本に返されるかとも思いましたが、結果的には日本で取ってきた成績よりもよい成績をとることが出来ました。この経験のおかげで自分が思っていた限界は本当に限界なのではなく、自分が限界だと思って決め付けていたものに過ぎないのだと感じました。

　交換留学から帰国し、留学経験者向けの就活セミナーに参加した後、もう少し海外で挑戦したいと考えていました。そんな中、国際センターの先生が経産省のインターンシッププログラムについて教えてくださり、すかさず応募しました。インド企業だったので、毎日インド人社員に囲まれての仕事は楽ではなかったですが、時が経つに連れ、仕事にも慣れ、とても有意義な時間を過ごさせていただきました。一番の収穫は日本の外で働くときにどのような能力が必要とされ、どのようなコミュケーションを取るべきなのかが具体的にイメージ出来るようになったことです。

　大学に入ってから、これまでもちろん想像もできなかったのですが、多くの海外経験をさせていただきました。それまでは、海外に行くとなると「お金がかかる」と思っていたので、自分がこれだけ海外に行けることになるなど夢にも思っていませんでした。当時よく「自分はお金がないから海外に行けない」と言い訳をしていたのをよく覚えています。インドでインターンしている間にはクラウドファンディングを利用して自分の夢を追いかけて世界一周をしている日本人を3人もみることが出来ました。インターネットの発展と共に資金集めも容易化し、「お金がないから○○できない…」というのは言い訳になり得ない日が来ているのだなと感じました。自分の場合、パレスチナに行けたのはTICAD Vの活動を通して知り合った経営者の方がパレスチナ政

府のアドバイザーの方とつなげて下さったからであり、インドに行けたのは国際センターの先生がインターンシップの情報を教えて下さったからでした。そのため、情報収集はインターネットだけでなく、人から得る情報も大変重要なものだと思います。

　今では岡山大学はスーパーグローバル大学に採択され、交換留学先の大学枠が拡充し、日本学生支援機構のトビタテ！留学JAPANなどのような留学用の奨学金制度が充実しています。「お金があるかないか」ではなく、自分で情報を収集し、いかに行動するかによりチャンスをものにできるかできないか、という状況になってきていると思います。

　かけがえのない学生生活の過ごし方は各個人が責任を持って決めることだと思いますが、岡山大学からより多くの方々がチャンスをつかみ、希望を持って世界で挑戦出来るようになることを願っております。自分のように高校時代はサッカーに没頭するために実業高校を選び、あまり熱心に勉強して来ずに推薦入試で岡山大学に入学した者でも、留学し、海外インターン出来たことを考えれば、より能力を有する岡山大学の学生の方々にはもっと可能性があるはずだと思っています。

　私は幸運にもIT、監査、コンサルティングなど、多くのグローバル企業から内定を頂くことが出来ました。岡山大学時代に体験した海外経験なくしてはあり得ないことに出会ったと感じております。しかし、内定はゴールではなく、新たなスタートです。これからもグローバルで活躍できる経済人となるために挑戦を続けていきます。留学や海外体験は多くある学生生活の選択肢のうちの一つであると思っています。皆様がそれぞれに考えられた方法で最高の岡山大学生活を送られることを願っております。

高井智光　（2015年9月30日　岡山大学経済学部卒業）

X. 海外で安全に生活する

（1）海外は危ないのか？

海外からのニュースに目を通すと、民族紛争、爆弾テロ、反政府デモなどの記事が毎日のように掲載されています。一方、社会のグローバル化とともに年々海外へ出国する日本人の数は増えています。日本政府観光局によると、2003年に海外に出国した日本人は1,330万人でしたが、2018年には1,895万人となり、15年の間に1.4倍増加しています。これら海外へ行く人たちの多くは、事件に巻き込まれるのでしょうか。

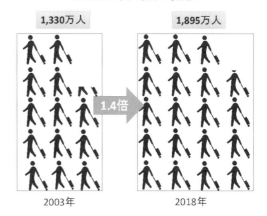

出国日本人数の推移

1,330万人 → 1.4倍 → 1,895万人

2003年　　　2018年

出典：日本政府観光局（2019）

（2）渡航先のことを十分に調べる

「海外での事件」を聞くと、世界中どこでも危ないと勘違いしてしまうかもしれませんが、そのようなことはありません。報道されている事件や事故も、一部で発生している場合がほとんどです。また、同じ国でも、治安のレベルは地域によって異なります。よって、渡航前に、まずこれらの情報を調べる必要があります。各国の治安レベル、現地での生活に関しては、外務省や各国の公的機関などが情報提供しています。以下、代表的なものを紹介します。

① 外務省 海外安全ホームページ　http://www.anzen.mofa.go.jp/
② NHK World 海外安全情報　https://www3.nhk.or.jp/nhkworld/anzen/
③ Travel Advisories – Travel.State.Gov（米国）
　https://travel.state.gov/content/travel/en/traveladvisories/traveladvisories.html/
④ Foreign travel advice – GOV.UK（英国）　https://www.gov.uk/foreign-travel-advice
⑤ Smartraveller.gov.au（オーストラリア）　https://smartraveller.gov.au/

外務省が国別に発行している「安全の手引き」は、渡航先の治安状況や危機管理対策が説明されており、有益な情報が多く記載されています。その他、渡航先では、最新の治安情報を受け取るために、3か月未満の滞在の場合は外務省海外旅行登録「たびレジ」、3か月以上滞在する場合は在留届電子届出システム「ORRnet」に滞在予定を登録してください。

例えば、滞在先で反政府デモが予定されている場合、「たびレジ」や「ORRnet」から対象地域に近づかないこと等、注意喚起の一斉メールが届きます。また、選挙等で治安状況が悪化しそうな時にも、メールが届きます。滞在中は、それらの情報をもとに慎重に行動をしてください。被害にあった場合は、保険会社、大学関係者、現地の在外公館、日本の家族にすぐに連絡をすることを忘れないようにしましょう。

（3）自分の身は自分で守る

　海外では日本と違った危険が待ち構えています。日本で生活している時と同じ意識では、被害にあう可能性が大です。よって、意識を「海外モード」に切り替えましょう。このような意識の切り替えが、被害を防ぐことになります。心構えの基本は「自分の身は自分で守る」ということです。加えて、普段から以下のようなことに気を付けて行動しましょう。

① 見知らぬ人を安易に信用しない。
② 多額の現金・貴重品を持ち歩かない。常に所持品に気を配る。
③ 目立つ服装、目立つ行動を避ける。
④ 慣れない場所では、暗くなってから必要以上に出歩かない。
⑤ 不審者、不審物に近づかない。興味本位で事件の現場に近寄らない。
⑥ 注意喚起が出ている場合、人が集まる場所（繁華街、宗教施設等）に近寄らない。
⑦ 生命を第一に考え、強盗などの犯罪にあっても抵抗しない。

（4）海外渡航者の被害の多くは軽犯罪

　海外には、日本人保護や外交のために200以上の在外公館（大使館や領事館）が設置され、250以上の国々をカバーしています。外務省の報告によると、2017年に世界中の在外公館が行った日本人の援護件数は19,078件。その内、上位3件は「所在調査」（33.3％、6,583件）、「窃盗被害」（19.3％、3,676件）、「遺失・拾得物」（18.1％、3,456件）でした。

　つまり、「うちの息子から連絡がないので探してください」、「物を盗まれました！」、「物をなくしました」という事件で約7割を占めます。私達が「海外での被害」と聞いて想像する「詐欺被害」（1.7％、320件）、「強盗被害」（1.4％、270件）、「傷害・暴行被害」（0.4％、82件）に関

海外邦人援護件数の事件別内訳
（2017）

出典：外務省（2018）

しては、全体の3.5％となっています。これらの件数は、2017年に海外へ渡航した日本人1,789万人からすると、割合としてはかなり低い値です。しかし、被害を報告しないケースも多々あると考えられるので、実際には報告された件数以上の被害が発生していると推定されます。特に、窃盗被害や詐欺被害に関しては、その傾向が強いと思われます。

（5）ターゲットにならないために

「日本人はお金持ち」、「日本人は大人しい」、「日本人はガードが甘い」と思っている窃盗のプロは多いです。強調します。日本人旅行者を騙したり、物を盗んだりする人々は、プロであり、それで生計を立てている人がほとんどです。空港、観光地、ホテルのロビー、駅、バスターミナル…プロは、旅行者のスキを狙っています。

海外では「盗まれるほうが悪い」「騙されるほうが悪い」というフレーズも耳にします。「盗みたくなるような…」「騙したくなるような…」状況を作り出してしまう方が悪いという理屈です。防犯の第一歩として、ターゲットにならないように準備をしておくことが大切です。

（6）【事例研究】気が付いたらXXXがなかった

以下の事例について、隣の人と「渡航中、どのようにして盗まれたのか？」考えてみてください。

> ① 警察官に呼び止められ、パスポートを提示した。数分後、エスカレーターに乗ったところ、後ろの男性がつまずいて、体ごとのしかかってきた。男性は、「Sorry」と言って謝り、その場を立ち去った。ホテルに戻るとパスポートがないことに気が付いた。
>
> ② 市場を歩いていると、「ジャケットの背中に何かついているよ」と簡単な英語で言ってきた。よく見えないので、肩掛けカバンを下し、ジャケットを脱いでみたら赤い液体がついていた。気が付いたら、肩掛けカバンがなくなっていた。
>
> ③ 地下鉄に乗ると、後ろから若者グループも一緒に乗り込んできた。彼らは周りを取り囲み、早口で何かを話しかけてきた。呆気に取られていると、次の駅でグループ全員が下車した。気が付くと、カバンのチャックが開いており、財布がないことに気が付いた。
>
> ④ 地方都市で一番高級なホテルに泊まったので、安心して財布をベッドの上において朝食に行った。戻ったら、財布はあったが現金が一部抜き取られていた。

（7）もし被害にあってしまったら・・・

窃盗などの被害にあったら、現地の警察に連絡し、盗難証明書（Certificate of theft）を発行してもらってください。パスポートの再発行や保険の請求時に必要になります。クレジットカードの紛失・盗難に気が付いた場合は、すぐにクレジットカード会社に連絡し、無効化の手続きをしてください。パスポートを失くしてしまった場合は、最寄りの日本大使館、総領事館に連絡し、再発行の手続きを速やかに行ってください。保険会社では、トラブル支援もしているので相談窓口の連絡先を控えておくこと。

(8) 薬物事件に巻き込まれないために

海外では薬物事件も無視できません。事件に巻き込まれる事例として、大きく二つに分けることができます。一つは、渡航の際、薬物の「運び屋」にされてしまうケース。もう一つは、滞在中、薬物を摂取している人の近くにいて、逮捕もしくは誤認逮捕されてしまうケースです。

運び屋のケースに関しては、決して知らない人から荷物を預からないこと。知っている人から「プレゼントだから」と言って渡されても、内容物がよくわからない場合は注意が必要です。自分に落ち度がないと思っても、見つかった場合は、「密輸」として重い罪で厳しく処罰されます。

> **高額アルバイトに注意**
>
> インターネットを通じて高額報酬をうたい、違法行為に加担させる「闇バイト」。甘い気持ちで誘いに乗り、薬物の運搬を依頼され、摘発されるケースが後を絶ちません。携行品の中身を知らなくても「知らなかった」ではすみません。日本では、輸入してはならない貨物を持ち込んだ場合、10年以下の懲役若しくは3,000万円以下の罰金となっていますが、中国、インドネシア、タイ、ベトナム、マレーシア、インド、バングラデシュなどのアジアの国々をはじめ、中東の多くの国々では極刑に処されることもあります。

薬物摂取に関して、被害に巻き込まれやすいのは大麻です。欧米の留学先では、大麻を吸引している状況に出くわすこともあるかもしれません。海外では非合法であっても、通常は取り締まりの対象外になっている国もあります。しかし、警察が踏み込んできた時は、吸引している人と一緒に逮捕されてしまう可能性もあります。よって、大麻を吸引している人を見たら、その場から離れ、大学や宿泊施設の関係者と対策をとってください。また、言うまでもなく、薬物には絶対に手を出してはいけません。海外で合法であっても、日本の法律が適応され刑罰の対象になります。

(9) 健康状態を良好に保つために

日本ではほとんど心配ない感染症や風土病に注意しなくてはならない地域もあります。渡航先の衛生・医療事情に関する情報については、以下のHPを参考にしてください。

> ① 外務省 世界の医療事情　http://www.mofa.go.jp/mofaj/toko/medi/index.html
> ② 厚生労働省 検疫所　FORTH海外で健康に過ごすために　http://www.forth.go.jp/
> ③ 国立感染症研究所（NIID）感染症疫学センター
> 　　　　　　　　　　　　　　https://www.niid.go.jp/niid/ja/from-idsc.html

予防接種や対策が必要な場合は準備をしてください。予防接種を複数受ける必要がある場合は、接種スケジュールを立てる必要があります。種類によっては、数回に分けて接種するケースもあり、1か月以上かかる場合もあります。よって、早めに医療機関にコンタクトを取ってください。

渡航後、快適な生活を送るためには、健康状態を良好に保つ必要があります。疲れていたり、睡眠時間が少なかったりすると、抵抗力が下がり、体調を崩しやすくなります。よって、早めに

休むなど、無理をしないことが大切です。短期旅行の場合は、無理のないスケジュールを立てましょう。医者に診てもらう必要があるときは、宿泊先、大学、保険会社に連絡し、対応してください。持病のある人は、英語の処方箋を携帯し、英語で病状を説明できるように準備をしておくことが必要です。

(10) 海外旅行保険加入のススメ

　「自分は被害にあわないだろう…」と思うのは危険です。海外旅行保険に加入していなかったために、病気やケガによる医療費や移送費、盗難被害、他人の物を壊してしまった場合の賠償責任など多額に支出を強いられてしまうケースが多々見られます。よって、出発から到着までをカバーする海外旅行保険には必ず加入しましょう。また、出国後は加入できないので、注意してください。

(11) 出発の前に・・・

　パスポートのコピー、クレジットカードの情報、海外旅行保険の緊急連絡先番号、航空券のEチケット番号など、重要な情報は控えておくこと。そして、家族や友人に旅行日程や滞在先を知らせておくとともに、旅行中も定期的に日本の家族には連絡を入れることが大切です。また、日本から連絡がとれる携帯電話を持参することをお勧めします。また、大学のプログラムとは関係がない個人的な旅行であっても、旅行日程等を記入した「渡航届」を所属学部に提出してください。

海外渡航に関する「意識」と「知識」を持ち、有意義な海外生活を！

4. 大学での学びと図書館の活用

（1）大学での学びとは

　法令上、大学の単位は「一単位の授業科目を四十五時間の学修を必要とする（中略）授業時間外に必要な学修等を考慮して（中略）単位数を計算する」と規定されています。本学では1単位あたり15時間の授業を行いますので、残りの30時間は授業時間外の自学自習が求められていることになります。**授業はもちろん、授業時間外の自学自習も真剣に取り組む、それが大学生に求められる「学修」なのです。**

　こういった学修の典型的な例がレポート課題でしょう。以下に示すような「論証型」レポートの場合、授業で聞いた話をまとめて終わりということにはまずなりません。授業内容を背景に、自分で様々な材料を集め考証し結論を出すことになります。

☆レポート作成の流れ（論証型レポートの場合）

課題例「戦争について述べよ」「パロディ小説について書け」etc...

ステップ1

「テーマ設定」：課題をどういう切り口（自分なりの「問い」）で攻略するか（例：「戦争」→原因や時代地域・各国比較等で検討する→「問い」が浮かぶ→「日露戦争勝利による影響について」とかどうだろう？）

収集する情報　手軽に入手できる読みやすい情報
（辞書・事典、入門書・概説書・新書、新聞、ネット上の情報 など）

ポイント
・基礎的な知識・情報を頭に入れると、「？」が浮かびやすい。
・先生の意図や授業の内容も考えながら、「問い」を立ててみよう。

ステップ2

情報収集（資料集め）：設定した「問い」に答えるための資料を探す

収集する情報　体系的で信頼性の高い資料
（専門書・学術書、学術雑誌掲載論文、学術情報データベース など）

ポイント
・ネット上の無料情報など、断片的で信頼性が低い情報には要注意。
・資料集めがうまくいかない、先に進めない場合は、ステップ1からやり直すことも考えよう。

ステップ3

収集した情報・資料を基に、「問い」の答えを導き出す
（資料を読み込み、「問い」に対し根拠に基づいた自説を出す）

ポイント
・どんな資料も鵜呑みにせず、本当にそうなのか疑いながら読もう。
・設定した「問い」に対する自分なりの「答え」を見つけよう。

ステップ4

客観的かつ論理的なレポートを作成する

ポイント
・「問い」から「答え」まで、根拠を示し論理的に書こう。
・主観的な思い込みで書いていないか、よく検証しよう。
・正しく引用して、他説と自説を明確に分けて示そう。

　大学での"学修"について、なんとなく理解できたでしょうか。問題・正答とも用意されていた高校までと異なり、大学では既存の**研究成果を学んだ上で、自分自身の「問い」（研究テーマ）を設定し、自ら解決する（＝根拠に基づいた自分なりの答えを出す）**ことが求められます。高校までの学びと比べてはるかに自発的・能動的な活動であり、高度だといえるでしょう。**"自ら問題・疑問を発見、試行錯誤し、解決する"という訓練は、大学にとどまらず社会に出てからも大いに役立ちます。**なぜなら、社会に出たら、「問題はこれですよ」などと誰も教えてくれず、正答や最善など誰にもわからないことばかりだからです。正答がわかっているならば、それを実施すればよい、というのが合理的な考え方で、それよりも答の出ていない（多くは原因さえわからない）問題に取り組もう、という話です。

　「高等教育のための情報リテラシー基準」（国立大学図書館協会）によると、情報リテラシーとは、「課題を認識し、その解決のために必要な情報を探索し、入手し、得られた情報を分析・評価、整理・管理し、批判的に検討し、自らの知識を再構造化し、発信する能力」と定義しています。これはレポート・論文作成の流れと全く同じであると言えます。岡山大学附属図書館は、学生の皆さんがこういった能力を身につけるサポートをしたいと考えています。

（2）大学図書館の活用

　先程の"レポート作成の流れ"ステップ１とステップ２で中心になるのは図書・雑誌等の情報です。それらを学内で扱う施設とはすなわち図書館です。また、資料熟読・考察、レポート・論文執筆や印刷等のアウトプットができる場所として、図書館内の各スペースも大いに活用できます。つまり、**ステップ１・２にとどまらず、ステップ3・4まで全て守備範囲に入っている、それが岡山大学の図書館です。**皆さんは、大学での講義をしっかり聞き、図書館の様々な資源を材料に自らの研究を進めてください。

1．岡山大学附属図書館利用の基礎知識（中央図書館・鹿田分館・資源植物科学研究所分館）

　岡山大学附属図書館は中央図書館・鹿田分館・資源植物科学研究所分館の三館で構成されています。中央図書館は津島キャンパスにある一番大きな図書館、鹿田分館は鹿田キャンパスにある医学系・歯学系の図書館、資源植物科学研究所分館は倉敷キャンパスにある農学系の図書館です。岡山大学の学生はどの図書館も利用することができます。（資源植物科学研究所分館の図書を借りるには、中央図書館・鹿田分館から申し込む必要があります。）。

○入退館（共通）

　学生証を入館ゲートにかざして入館します。学生証が手元にない場合はカウンターへ申し出てください。

　退館は出口ゲートを通ります。貸出していない資料を持ってゲートを通るとアラームが鳴り、ゲートがロックされます。その場合は職員の指示に従ってください。

○開館時間

中央図書館

　授業期間：8：00～23：00　　　　　　（土日祝）10：00～18：00

　休業期間：9：00～19：00（17：00）　　（土日祝）休館

　※入学試験日、館内整理日（不定期）、年末年始、夏季一斉休業は休館。

鹿田分館

　授業期間：9：00～21：00　　（土）10：00～17：00

　休業期間：9：00～17：00　　（土）10：00～17：00（8月は休館）

　※日曜・祝日、年末年始、夏季一斉休業は休館。館内整理日は17時～開館。

　※鹿田地区所属の学生・大学院生は学生証を利用して24時間入館が可能です。

☆開館予定表→　http://www.lib.okayama-u.ac.jp/services/hours.html　

○貸出／返却

中央図書館

　・貸出冊数：10冊まで（図書・雑誌の内訳は問わない）

　・貸出期間：図書は14日間、雑誌は3日間

　・貸出・返却カウンター／図書自動貸出装置で本を借りることができます（要：学生証）

　・貸出中図書の**予約が可能**です。図書館ウェブサイトの**マイライブラリ**より予約することができ
　　ます。

　・資料を延滞した場合は延滞の日数と同じ日数の貸出停止期間が発生します。

鹿田分館

　・貸出冊数：5冊まで（図書・雑誌の内訳は問わない）

　・貸出期間：図書は14日間、製本雑誌は7日間、未製本雑誌は1日のみ

　・カウンター／図書自動貸出装置で本を借りることができます（要：学生証）

　・貸出中図書の**予約が可能**です。鹿田分館カウンターで手続きが必要です。

　・資料を延滞した場合は延滞の日数と同じ日数の貸出停止期間が発生します。

※開館時間外に返却に来た場合はブックポストへ資料を投函してください。返却処理は翌開館日
　となります。CD・DVDはブックポストへは入れないでください。

☆両館とも、水筒・ペットボトルなど密閉できる容器であれば持込み・飲用可能です（パソコン
　付近は飲用不可）。食事はお菓子などの軽食であっても禁止されています。

2. 図書館での学修と施設・設備（中央図書館）

中央図書館は、「**本館**」「**西館**」「**書庫**」の三つの建物で構成されています。

本館1階東　ラーニングコモンズ
自由に議論しながら学修できるスペースです。

本館1階東　リフレッシュスペース
ラーニングコモンズとリフレッシュスペースでは紙コップの飲み物を利用できます。

本館2階東　サルトフロレスタ
岡山県北部産のヒノキ材を使った学修スペースです。

本館2階東　サルトフロレスタ展示スペース
図書館・学内資源の紹介。定期的に展示替えを実施しています。

本館3階西
グループ学修室・セミナー室（貸出・返却カウンターでの利用申し込みが必要です。）

教育用パソコン

本館2階のパソコンスペースと西館1階の情報実習室に、それぞれ40台程度設置しています。利用には岡大IDとパスワードが必要です。パソコンから印刷するには事前に印刷ポイントを生協で購入する必要があります。

西館 1階：総記・歴史図書・郷土資料・ビデオ・DVD・コピー機

2階：文系雑誌・自然科学図書　　3階：社会科学図書

4階：人文科学・技術産業図書、研究個室　　5階：（立入禁止）　　6階：六高図書

西館閲覧室書架

西館4階　研究個室

書庫　建物内立ち入り禁止。雑誌の古いバックナンバーや図書を保管しています。蔵書検索で「書庫○階」と表示された場合は、貸出・返却カウンターに書庫所在資料請求票（ピンクの用紙）で取り出しを申し込んでください。通常は翌平日の受け取りになります。急ぎの事情がある場合は職員に申し出てください。

☆図書館資料について（並び方や探し方、電子ジャーナル等）

● **並び方：図書は請求記号の順番、雑誌はタイトルの50音順（和雑誌）／アルファベット順（洋雑誌）。**

・請求記号とは？

421.2
A

図書の背ラベル(左図参照)に記載された数字とアルファベットのことです。この数字は図書の分野を示しており、数字が同じ図書は同じテーマの本です。この数字の小さいものから大きいものの順に並んでおり、同じ数字の中では2段目のアルファベット順に並んでいます。

● **図書・雑誌の探し方について**

探す資料を特定できていない場合は、館内マップを見て該当する分野の資料のコーナーへ行ってください。特定の資料を探したい場合や分野もわからない場合は「蔵書検索」で資料の場所を探してください。（次のコラム参照）。

● **電子ジャーナル・データベースについて**

電子ジャーナルは電子版の学術雑誌で、ウェブ上で本文を読むことができます。データベースは論文情報や新聞記事、判例や化学物質情報など、それぞれの分野の情報を集めて検索できるようにしたものです。利用契約上、岡山大学のキャンパス内でのみ利用可能です。図書館ウェブサイトの「電子ジャーナル・データベース・電子ブック」から利用することができます。

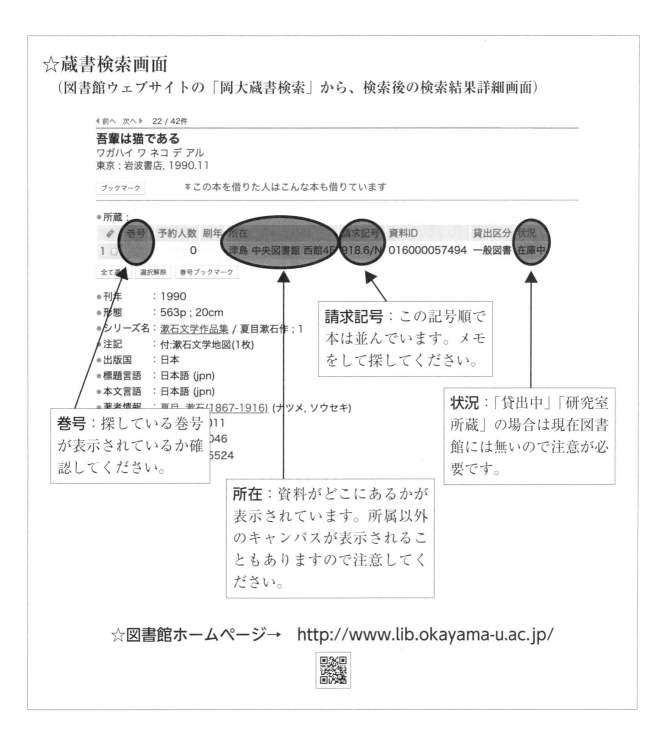

☆蔵書検索画面

（図書館ウェブサイトの「岡大蔵書検索」から、検索後の検索結果詳細画面）

請求記号：この記号順で本は並んでいます。メモをして探してください。

状況：「貸出中」「研究室所蔵」の場合は現在図書館には無いので注意が必要です。

巻号：探している巻号が表示されているか確認してください。

所在：資料がどこにあるかが表示されています。所属以外のキャンパスが表示されることもありますので注意してください。

☆図書館ホームページ→ http://www.lib.okayama-u.ac.jp/

おわりに

　大学で学修を進めていく上で岡山大学の図書館は、開館時間も長く、資料や設備も充実していて、情報収集から課題の完成までサポートする施設です。また、飲み物を飲んでゆっくりすごしたり、展示を見たりブラブラ書架を眺めては立ち読みしたりと、ちょっと立ち寄るのに適した施設でもあります。皆さんもこれから図書館を大いに利用して、学修活動、学生生活を充実したものにしましょう。図書館が大学での居場所の一つとなれば幸いです。

　まずは一度図書館をのぞいてみてください。皆さんのための図書館です。ご来館お待ちしております。

第Ⅱ章
あなた自身を守るために知っておくべきこと
セルフマネジメント編

1. 大学の安全を考える—身近にある"危険"を意識する

（1）大学生活の始まり

　今、新入生の皆さんは小6・中3・高3の12年間を経て、大学生としてキャンパスライフを楽しんでいると思います。これまでの初等中等教育の期間中、ほとんどの学生が保護者の下で生活全般の補助を受けながら学習してきましたが、大学生になって保護者から離れて生活する学生も大勢いると思います。その結果、保護者の恩恵をあらためて再認識し、見えていなかった現実を目の当たりにして困惑している学生もいるかもしれません。大学には在学中の悩みや問題について、いろいろなサポートが用意されていますので、それらを活用しながら大学4年間を通して社会に巣立つために必要な一般常識や専門性を高めて、一人前の社会人として認められるように自己研鑽に励んで下さい。

（2）高等教育機関としての大学

　初等中等教育において、小中高の先生の指導の下で座学形式の授業だけでなく、実験・実習を通していろいろな教育科目について勉強してきたと思います。授業を担当している先生方は安全と衛生に気を配りながら、事故が起きないよう、健康を害さないように最大の配慮をしてきました。高等教育機関である大学（または大学院）は、初等中等教育の高位にある高等教育機関に位置付けされており、より専門的な内容を学習する機会を提供しています。大学は学修の結果として、大学卒による"学士"、大学院修了による"修士"という学位を授与する役割も担っています。岡山大学は11学部と7大学院を擁する教育研究機関として、数多くの卒業生を社会に輩出しており、その活躍の場は日本に止まらず、世界の舞台へと展開しています。

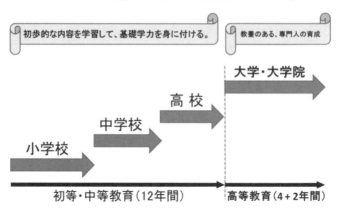

初等中等教育から高等教育へのステップアップ

（3）大学は"危険"な場所なのか！？

　大学入学の初年度には一般教養科目を中心にしたカリキュラムが組まれており、その多くの講義が座学形式で行われています。但し、理系学部では大学入学直後から始まる実験や実習を通して、実験器具や実験装置の操作方法や化学物質の取扱いについても学習するでしょう。２年次以降では文系や理系を問わず、所属学部に関連する専門科目の割合が多くなり、教室を離れて活動する機会も増えてきます。このように、いろいろな経験を通して専門性を高めることになる訳ですが、事故や健康被害を起こさないためには実験・実習の内容把握と十分な事前準備が必要となります。ところで、日常的な用語として使用している、「安全」「安心」「危険」「不安」を知っていますか。「安全」の対義語は「危険」、「安心」の反対は「不安」です（下図参照）。「安全」や「安心」という言葉は同じような意味で使われることもありますが、「安全」は「安全性」等と使われるように客観的な意味で使われ、「安心」は「安心感」等と使われるように主観的な意味合いがあります。座学中心の講義では、安全であり、安心して授業を受けることが出来ます。しかし、いろいろな実験・実習では有毒な物品を扱わなければならない危険な作業場も有り得るので、不安の中で実験・実習することになるでしょう。実際に起こった事故や健康被害を分析すると、その多くが事前準備の不十分や無知さが原因となっている場合がほとんどです。今から、何をして、何を扱うのか、それらに対して、十分な安全対策や危険に対して備えることで、安全に安心して活動することが可能になります。

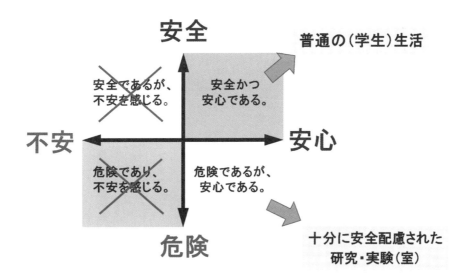

（4）大学の研究室・実験室の安全

　大学では、講義室内での座学だけでなく、フィールドワークやインターンシップなど、学外で行動する機会も増えてきます。また、大学における研究活動は、未知なる世界を開拓するために試行錯誤を繰り返しながら進めるため、いろいろな危険を伴うことがあります。特に、理系分野の研究活動の中には、毒劇性の高い化学物質や放射性物質などを使った研究や極限条件下での実験も行われており、安全と衛生に十分配慮して行動する必要があります。岡山大学は広大なキャンパスを持っており、これまでに学習してきた小中高校とは異なり、非常に危険な作業場や実験

場所が点在しています。比較的に危険な作業場が少ない文系学部に所属していても、隣接する建物内では過酷な条件下での実験が行われているかもしれません。キャンパス内での、むやみな行動は慎まないと大変な事態を引き起こすかもしれません。そこで、大学の教育研究活動において想定される事故や健康被害を未然に防ぐために、いろいろな安全講習会や安全ガイダンスなどが開かれ、教職員や大学生の安全や健康（衛生）を確保するための安全衛生活動が展開されています。

（5）防災・減災への備え

　岡山県は比較的に温暖な気候に恵まれ、"晴れの国 おかやま"というキャッチフレーズに代表される自然災害の少ない県として認識されています。元来、日本国が諸外国に比べて台風、大雨、大雪、洪水、土砂災害、地震、津波、火山噴火などの自然災害が発生しやすい国土として知られているのに対して、非常に貴重な地域なのかもしれません。しかし、学生の皆さんは、大学を卒業して日本国内のみならず世界各地へ活動の場所を広げていくでしょうから、災害に対してどのような備えが必要なのかを十分に理解して準備しておくことは決して無駄な事とは思えません。地震や突発的な火災が起こると、パニック状態になり、大多数は正常な判断や行動ができなくなります。いざという時の避難経路の確保や緊急連絡先など、日頃から防災や減災の意識を絶やさないことが重要です。

（6）自動体外式除細動器（*Automated External Defibrillator,* **AED**）

　皆さんは"**AED**（エーイーディ）"という言葉を聞いたことがありますか？岡山大学のキャンパス内で、下の写真にある、赤いカバーを見たことがありますか？

津島キャンパスの**AED**（左：HS1, 右：FRx）　　フィリップスHPから引用

　これは、津島キャンパスに配備されている**AED**です。**AED**は心肺停止の際に、電気的なショックを与えることによって、停止した心臓を再び動作させる機器です。その使用法は本体の電源をONにすると、音声ガイダンスによって、誰でも使用できるようになっています。また、岡山大学では年2回、教職員と学生を対象にしたAED講習会を開催していますので、緊急時に対応できるように是非参加して下さい。

(7) 岡山大学の禁煙に対する取組み

　岡山大学では、平成26年4月以降、すべてのキャンパス内での喫煙を禁止しました。その背景には、喫煙しない人も受動喫煙によって健康被害を受けるリスクが高くなることが指摘されたため、公共の場所での禁煙（分煙）が広まっているからです。現在、成人男性の喫煙率は昭和40年の83%から平成25年の30%と著しく減少していますが、成人女性の喫煙率は約9％で横ばい（JT全国喫煙者率調査）が続いています。喫煙を開始する動機は"好奇心"や"なんとなく"といった安易な理由から喫煙を始める事例が多いようです。喫煙によって生じる健康上のリスクだけでなく、今後は社会人としての喫煙リスクも高まると思います。喫煙の始まりは非常に容易かもしれませんが、禁煙はたばこの常習性から非常に難しいことが分かっています。たばこは"百害あって一利なし"という言葉を肝に銘じて、大学生になって安易な喫煙を始めないで下さい。

(8) 危険表示するピクトサインや標識

　大学構内には危険な作業をしている場所や危険な化学物質などが保管されており、それらの作業場にむやみに立ち入ることは非常に危険です。学内には、このような場所には立ち入りを禁止する、または近づかないようにするための標識が表示されています。一般的に、赤色の標識は"禁止"、黄色の標識は"注意"を表しています。近年、危険を表示する標識の絵柄は国籍を問わず、特に説明を加えなくても誰にでも理解できるような標識＝ピクトサインとして見られるようになりました。皆さんは、以下のピクトサインの意味が分かりますか？

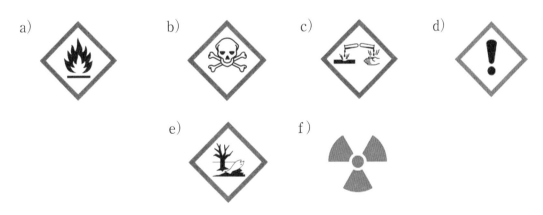

a)：発火性あり、b)：毒性あり、c)：強酸性、強アルカリ性、d)：その他の危険
e)：環境毒性あり、f)：放射性管理区域

　このような、標識がある場所には、危険な薬品や健康を害する物品が保管されていますので、むやみに近づかないで下さい。これらを取り扱うためには十分な注意が必要です。

2. ハラスメント対策をするために

(1) ハラスメントの基礎知識

　ハラスメントは、「嫌がらせやいじめなどの迷惑行為。そのような行為を繰り返しすること」を意味する、英語のharassmentに由来する用語です。ハラスメントは、1980年代の後半になって「セクハラ」（＝セクシュアル・ハラスメントの略語）の問題が広く認識されるようになったのに伴い、社会一般に定着しました。そもそもセクシュアル・ハラスメントは、1970年代の米国において、女性であることによって受ける不当な差別や性的嫌がらせに対し、訴訟が相次ぐようになり、そのなかで整理、確立していった概念です。それが1980年代になって我が国にも取り入れられ、次第にセクハラが社会的に問題視されるようになりました。「セクハラ」は平成元年（1989年）の流行語大賞に選ばれており、「セクハラ」や「ハラスメント」という言葉が広く使われるようになって、既に4半世紀になります。

　大学などの高等教育機関で起こるハラスメントは、キャンパス・ハラスメントと総称されています。岡山大学では、キャンパス・ハラスメントを①セクシュアル・ハラスメント、②アカデミック・ハラスメント、③マタニティ・ハラスメント、④育児休業等に関するハラスメント、⑤その他のハラスメントに分類し、それぞれ以下のように規定しています（国立大学法人岡山大学におけるハラスメント等の防止及び対応に関する規程）。

①セクシュアル・ハラスメント：他人を不快にさせる性的な言動又は性別による差別的言動をいう。

②アカデミック・ハラスメント：職務上、教育上若しくは研究上の地位又は人間関係などの優位性を背景にして行われる、職務、教育又は研究の適切な範囲を超える言動であって、次のいずれかの結果をもたらすものをいう。
　　イ　他人に精神的又は身体的苦痛を与えること。
　　ロ　他人の職場環境、教育環境、又は研究環境を悪化させること。

③マタニティ・ハラスメント：妊娠若しくは出産に関する言動又は妊娠若しくは出産に関する措置若しくは制度の利用に関する言動であって、職務、教育又は研究の適切な範囲を超え、他人の職場環境、教育環境又は研究環境を悪化させるものをいう。

④育児休業等に関するハラスメント：育児又は介護に関する措置又は制度の利用に関する言動であって、職務、教育又は研究の適切な範囲を超え、他人の職場環境、教育環又は研究環境を悪化させるものをいう。（前号にあたるものを除く。）

⑤その他のハラスメント：飲酒の強要、暴行、喫煙にまつわる不法行為又は誹謗、中傷若しくは風評の流布等により、他人の人権を侵害したり、他人を不快にさせる言動（前4号にあたるものを除く。）をいう。

　以下では、①セクシュアル・ハラスメント、②アカデミック・ハラスメントを中心に説明します。

(2) セクシュアル・ハラスメント

■対価型と環境型

　セクシュアル・ハラスメントには、いわゆる対価型と環境型とがあります。対価型セクハラは、英語ではquid pro quo sexual harassmentといい、「しっぺ返し」を意味するラテン語の「クイド・プロ・クオ」が使われています。直訳すれば、「しっぺ返しセクハラ」ということ。つまり、対価型とは、地位又は人間関係などの優位性を背景として、自分は相手に利益あるいは不利益を与えることができると仄めかして性的関係を迫ったり、交際を求めたりするタイプのセクハラの事を指します。例えば、教員が学生に成績評価（単位認定）や研究指導の見返りに、本人の望まない性的な行為を要求するといった場合がこれに当たります。

　環境型セクハラは、英語ではenvironment-type sexual harassmentといい、文字通り、不快な性的言動によって教育研究環境・就労環境を悪化させるタイプのセクハラです。例えば、聞き手が返答に窮するような卑猥な下ネタを話題にする、教員が学生の肩や臀部に繰り返し触れる、相手を性的なからかいの対象にする、PCのスクリーンセーバーにヌード写真を使うといった場合がこれに当たります。

■ジェンダー・ハラスメント

　性に関わるハラスメントには、上述した生物学的な性（セックス、セクシュアリティ）に基づく"狭義の性的言動"によるものだけでなく、社会的・文化的に形成された性（ジェンダー）に関する固定観念（性別役割分担）によるハラスメントがあります。例えば、男性教員が女子学生に対して「女は研究者には向かない。永久就職の相手はいないのか」と言ったり、女性であることを理由に女子学生に研究室のお茶くみや細々とした雑務をさせたりする行為がこれに当たります。このような性差別的言動は「ジェンダー・ハラスメント」としてセクハラとは区別して扱う場合があるのですが、一般にはセクハラに含め、その一部として扱うのが普通です。本学のハラスメント防止規定においても、セクシュアル・ハラスメントは、ジェンダー・ハラスメントを含めたかたちで、定義されています。

■判断基準

　ある言動がセクハラに該当するか否かはどのように判断したらいいのでしょうか。セクハラの場合、受け手の意に反する性的言動の有無、その言動の頻度・継続性、心身への悪影響等は基本的にその言動の受け手（被害者）の主観を重視して判断するとされています。つまり、受け手の側がその言動はセクハラだと感じれば、それはセクハラと判断されるのです。ただし、環境型のセクハラ言動については、そこで教育を受ける、あるいは勤務する「平均的な学生、教員、職員の感じ方」を基準にして判断するとされています。

(3) アカデミック・ハラスメント

■アカハラとパワハラ

　岡山大学のハラスメント防止規程に定義されているアカハラ（＝アカデミック・ハラスメントの略語、academic harassment）は、民間企業等において一般にパワハラ（＝パワー・ハラスメントの略語、power harassment）といわれている概念に相当します。すなわち、「アカハラ」は、大学等の高等教育研究機関における「パワハラ」を意味し、パワー・ハラスメントの一類型とみることができます。

　近年、深刻なパワハラ被害が頻発し、パワハラが労働問題化、社会問題化していることから、厚生労働省は円卓会議を設置してパワハラの概念整理を行い、平成24年1月にその結果を公表しました。それによると、パワハラについて「職場のパワー・ハラスメントとは、同じ職場で働く者に対して、職務上の地位や人間関係などの職場内の優位性を背景に、業務の適正な範囲を超えて、精神的・身体的苦痛を与える又は職場環境を悪化させる行為を言う」とされています。この概念整理において特に注目すべき点は、下線で示した「業務の適正な範囲を超えて」という文言です。つまり、パワハラ言動を考える場合、問題とされる言動が業務を遂行する上でその適正な範囲にあるか否かが極めて重要な意味を持つということです。「業務の適正な範囲」は業種、職場等により事情が異なるため、一律に規定することが難しいことから、その適正な範囲についてはそれぞれの業種・職場・企業等で認識を揃えることになっています。

■判断基準

　ある言動がアカハラに該当するか否かはどのように判断したらいいのでしょうか。ここで、まず留意すべき点は、アカハラとセクハラの判断基準の違いです。セクハラの場合は、原則的に受け手側の主観、すなわち受け手がその性的言動を不快と感じれば、セクハラと判断されるが、アカハラの場合は受け手がその言動を苦痛あるいは不快と感じたとしても、それを理由にハラスメントであると必ずしも判断されるわけではありません。例えば、教員が学生を叱責した場合を考えてみましょう。叱責された学生のほとんどは苦痛あるいは不快と感じるでしょう。しかし、学生に対する適切な叱責は教育指導上必要なことであり、受け手（学生）が不快と感じただけでは、叱責行為がハラスメントと判断されるわけではありません。教員の叱責行為がハラスメントになるのは、叱責の仕方や内容が教育研究指導の適正な範囲を逸脱している場合です。したがって、アカハラか否かのジャッジメントにおいては、その言動が"業務の適正な範囲"にあるか否かについての判断が決定的に重要な意味を持つことになるのです。そして、この判断は容易でない場合が数多くあります。そのような場合、ハラスメントか否かは、その職場や学校を良く知る、標準的な規範意識を持った人の意見を基準に判断するとされています。本学の場合、この判断はハラスメント防止委員会が行うことになっています。

(4) ハラスメントの構図

アカハラは、職務上の地位や人間関係の優位性を背景として、弱い立場にある者に対して人格・人権を否定する言動や業務（教育研究）の適正範囲を超える指導、命令をすることによって、相手に精神的なダメージを与え、教育研究環境あるいは職場環境を悪化させる行為である。セクハラも、そのほとんどが職務上の地位などの優位性を

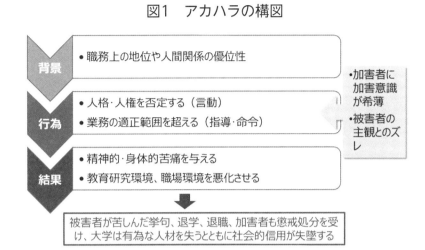

図1　アカハラの構図

背景として、弱い立場にある者に対して性的関係を迫る行為である。このため、強い立場にある者の言動が不当なものであっても、あるいは弱い立場の者の意に反する、不快なものであっても、弱い立場の者は不利益や仕返しを恐れてノーと言えず、場合によっては加害者に対して迎合的な態度を取ってしまうことさえあります。この結果、強い立場にある者は加害の事実に気付かないまま、あるいは「相手も受け入れている。この程度は問題ない」と思い込んだまま、ハラスメント言動をエスカレートさせてしまい、事態は深刻化の一途をたどることになります。

アカハラやセクハラの事案を具体的に見ていくと、その言動の受け手（被害者）がハラスメントだと認識していることを、言動を行う側（加害者）はハラスメントであるとは認識していない場合がほとんどです。つまり、ハラスメント言動に対する、加害者と被害者の間の認識の離齬が、深刻な被害を生み出しているといえます。これは、ハラスメントに関して、まだ我々の間に十分な共通認識が成立していない故であり、このことがハラスメント問題の解決を難しくしている、もう一つの要因になっているのです。

(5) アカハラ、セクハラ被害を深刻化させないために

研究室や職場で私たちが日常的に行う言動は、受け手の性別、年齢、立場、職務上の地位等の違いによってその受け止め方に差があり、言動を行う当人の意図に関わりなく、相手（受け手）を精神的に追い込んだり、不快にさせてしまったりする場合があります。私たちはこのことを先ずしっかりと理解しておく必要があるのです。そして、良好な人間関係を築いていくには、ハラスメントの背景に他者に対する支配意識や優越意識、偏見や差別意識があることをよく認識するとともに、立場や職務上の地位の上下、性別の違いに関わらず、常に相手の人格・人権を尊重するという気持ちを忘れないことが大切です。

アカハラ、セクハラの被害は、多くの場合、軽微な段階から始まって、それに対して適切な対応が取られないと次第にエスカレートし、最終的には抜き差しならない深刻な事態に至るのが一般的です。事態が深刻化すればする程、例え何らかの決着が図られたとしても、ハラスメント以

前の元の状態に戻るのはより難しくなり、たいていの場合、人間関係の修復は不可能です。それ故に、ハラスメントは、その初期のまだ軽微な段階で、その芽を摘み取ることが最も肝要です。

上述のように、ハラスメント加害者は加害の事実に気付かずに問題の言動を繰り返している場合がほとんどです。したがって、ハラスメント言動を受けた場合、被害者はやり過ごしたり、我慢したりせず、その初期の段階で自分は不快に思っていること、不当に思っていることを何らかのかたちで相手に伝えることが必要です。もし、相手に自分の気持ちを伝えることが難しい場合には、一人で悩まず、できるだけ早期に身近にいる、信頼できる人やハラスメント相談員、あるいはハラスメント防止対策室等に相談して、適切な対策を講じる必要があります。その際には、いつ、どこで、誰から、どのようなハラスメント言動を受けたかを具体的に記録したメモや裏付け資料等を持参して、相談すると良いでしょう。特に、セクハラの場合は目撃者がいないことが多いことから、当事者しか知り得ないこと等をしっかり記録しておくことが大切です。

相談は、各学部等のハラスメント相談員が対応する部局窓口とハラスメント防止対策室窓口で受け付けています。受け付けた相談に対する大学の対応は、ハラスメント防止委員会のホームページ（http://www.okayama-u.ac.jp/user/sex-hara/）に詳しく掲載されています。

ハラスメント防止委員会のホームページには他にも有益な情報がありますので参考にしてください。

3. 身体をケアする

【健康なキャンパスライフのために】

　新入生の皆さんは今後、岡山大学で勉学に励みながら充実したキャンパスライフを送ることと思いますが、心身の健康はその基本となるものです。保健管理センター（以後「ホケカン」と略します。学生は皆そう呼びます）からは、そのために、まず二つのことをお願いします。

1. ホケカンを利用しましょう！

　岡山大学では、皆さんが健やかな大学生活を送ることができるように、心とからだの健康のためのサービスを提供する機関としてホケカンが設置されています。ホケカンには、内科医師、精神科医師、保健師、臨床心理士、栄養士などがいて健康診断や一般外来を含めた診療や相談を受け持っています。また定期的に学校医として耳鼻科、皮膚科、整形外科、婦人科、歯科などの先生も来られて専門的な診察が受けられます。このホケカンはサービス施設ですので利用してもお金はいりません。心やからだのことで気になることがあれば気軽に相談に来てください。医療従事者には守秘義務といって、病気などの個人的な情報を他人に漏らしてはいけないということが課せられていますので、どんな話をしても外に漏れる心配はありません。軽い風邪や下痢などはホケカンで治療できますので、まずホケカンに相談に来ていただき、必要なら適切な病院を紹介します。大きい病院では紹介状がないと高額になりますので、緊急の場合でなければ、ホケカンで紹介状をもらってから受診するようにしてください。

2. 健康診断を受けましょう！

　健康診断は皆さんの健康状態をチェックするのみでなく、保健管理センターのスタッフが健康診断を通じて皆さんのこころとからだの健康状態を把握し、必要に応じてキャンパスライフをサポートする場でもあります。この健康診断は学校保健安全法により大学には年１回以上の実施が、岡山大学学部共通規程により学生には受診が義務付けられています。また、実習や証明書などが必要な場合には健康診断を受けていないと診断書がでません。必ず健康診断を受け、自分の健康状態を確認する習慣をつけてください。

　以下、感染症、禁煙に関することについて解説します。

【感染症】

（1）総論

　感染症とは、ウイルスや細菌などの病原体が生体内に侵入・増殖して引き起こす病気で、発熱や腹痛・下痢、咳、関節痛、発疹などの症状を伴います。病原体には大きく分けて、ウイルス、細菌、真菌などがあります。

　感染症はいわゆる感染症法により、感染力や罹患した場合の重篤性などに基づき分類されており、特定の感染症を診断した医師や医療機関に対して保健所への届出が義務付けられています。一方、学校における感染症については、学校保健安全法に基づいて感染症の種類、出席停止期間

などが規定されています（表1）。インフルエンザ、麻疹、風疹、水痘、流行性耳下腺炎（ムンプス）などの感染症は、いずれも学校感染症としては第二種に分類されています。

表1　学校において予防すべき感染症の出席停止の期間
学校保健安全法施行規則第19条（平成24年4月1日施行）

第一種	治癒するまで	
第二種	インフルエンザ	発症した後（発熱の翌日を1日目として）5日を経過し、かつ解熱した後2日を経過するまで（幼児にあっては、発症した後5日を経過し、かつ解熱した後3日を経過するまで）。
	百日咳	特有の咳が消失するまで又は5日間の適切な抗菌薬療法が終了するまで
	麻疹	発しんに伴う発熱が解熱した後3日を経過するまで
	流行性耳下腺炎	耳下腺、顎下腺又は舌下腺の腫脹が発現した後5日を経過し、かつ全身状態が良好になるまで
	風疹	発しんが消失するまで
	水痘	全ての発しんがかさぶたになるまで
	咽頭結膜熱	発熱、咽頭炎、結膜炎などの主要症状が消退した後2日を経過するまで
	※結核・髄膜炎菌性髄膜炎は、症状により学校医その他の医師において感染の恐れがないと認められるまで	
第三種	症状により学校医その他の医師において感染の恐れがないと認められるまで	

　岡山大学では、第一種、第二種、第三種の感染症に罹患した場合は、医師の診断に基づいて出席停止とし、出席停止となった期間に出席できなかった授業については、届出により公欠扱いとなります。インフルエンザについては、公欠の届出に必要な治癒証明書の代わりに、発症日の記載された診断書及び「インフルエンザ経過報告書」を提出することができます。詳しくは大学のホームページを参照して下さい。

　予防接種（ワクチン）により予防が可能な感染症は特に重要です。2007年から2008年にかけて、高校・大学生を中心に麻疹の大きな流行がありました。麻疹を発症した場合、本人に危険性があるだけでなく、大学の閉鎖（一部または全部）が必要な場合もあり、周囲に非常に大きな影響を与えます。また、幼少期を過ぎて発症すると疾患によっては重症化しやすい傾向があります。さらに、教育実習や病院実習のある方は、自分の身を守るのみならず、感染源とならないという観点からも特に注意が必要です。

　現在、わが国では、麻疹・風疹、水痘、百日咳、ジフテリア、破傷風、ポリオ、肺炎球菌、B型肝炎などの感染症については定期接種の対象疾患となっていますが、年齢など対象が限られています。流行性耳下腺炎（ムンプス）、髄膜炎菌は任意接種です（2018年9月現在）。インフルエンザも60歳未満では任意接種です（表2）。

　現在の大学新入生の多くは、これまで水痘や流行性耳下腺炎（ムンプス、おたふく風邪）が任意接種であったため、これらの接種率は一般に低いです。予防接種歴およびこれら感染症の罹患

歴については、母子（親子）手帳や予防接種手帳により各自十分確認しておくことが重要であり、罹患歴も十分な予防接種歴（接種回数）もない場合は、必要な予防接種を早めに受けておくべきです。

表2　ワクチンで予防が可能な身近な感染症[*1]

疾患	ワクチン	接種種別（時期）	接種回数	対象
麻疹、風疹	MRワクチン[*2]	定期接種（2006年4月～）	2[*3]	生後12～24ヵ月未満と5～7歳未満で小学校就学前
	MRワクチン	定期接種(経過措置)（2008年4月～2013年3月）	1	中学1年生、高校3年生相当年齢の者
水痘	水痘ワクチン	定期接種（2014年10月～）[*4]	2	生後12～36ヵ月未満
ジフテリア、破傷風、百日咳	DTPワクチン DTワクチン	定期接種（1994年10月～）	4 1	生後3ヵ月～90ヵ月未満
ジフテリア、破傷風、百日咳、ポリオ	DTP-IPV	定期接種（2012年11月～）	4	生後3ヵ月～90ヵ月未満
ポリオ	不活化ポリオワクチン（IPV）[*5]	定期接種（2012年9月～）	4	初回接種（3回）：標準的には生後3ヵ月から12ヵ月に3回 追加接種（1回）：初回接種から12ヵ月から18ヵ月後に1回
B型肝炎	B型肝炎ワクチン	定期接種（2016年10月～）	3	0歳児（1歳未満）
インフルエンザ	インフルエンザHAワクチン	任意接種[*6]	1[*7]	
流行性耳下腺炎	ムンプスワクチン[*2]	任意接種	1～2	1歳以上の未罹患者
髄膜炎菌	4価髄膜炎菌ワクチン	任意接種	1	

[*1] 現状を示したが、時代とともに変遷を繰り返しており、一時的な経過措置も有り、表の他にも、予防接種法に基づく定期接種に、BCG、インフルエンザ菌b型、肺炎球菌、日本脳炎、ヒトパピローマウイルスなどがある 政令で規定された対象年齢以外で受ける場合はすべて任意接種となる
[*2] 1989年～1993年はムンプスワクチンを加えたMMRワクチン接種
[*3] 2006年4月以前は生後12～24ヵ月未満の1回接種のみ
[*4] 2014年9月以前は任意接種
[*5] 2012年8月まではポリオ生ワクチン（経口）を2回接種
[*6] 65歳以上は定期接種
[*7] 毎シーズン接種　13歳未満は2回接種

（2）各論

1）ウイルス感染症

　小児の病気が多いですが成人でも罹患することがあり、その場合、重症となりがちです。多くは一過性の感染に終わりますが、HIVでは慢性感染し、水痘など潜伏感染が見られるものも有ります。水痘、インフルエンザ、HIV以外は特異的治療法がなく、対症療法が中心となります。

1. 麻疹（麻しん、はしか）

　空気感染、飛沫感染、接触感染し感染力が強く、高熱、咳、鼻水などの症状が続いて、発熱３日頃から頬の裏側にコプリック斑（粘膜疹）が出現し、一時解熱し、次の発熱時に発疹が出現して解熱する頃には消退します。合併症も有り、致死率は先進国で0.5％以下ですが、生命に係わることもあり注意が必要です。

2. 風疹（風しん、三日はしか）

　飛沫感染、接触感染し、発熱、発疹、リンパ節腫脹を伴い、発疹は平均３日で消退します。女性では妊娠中（20週以前）に罹患すると先天性風疹症候群と言われ、胎児に難聴、心疾患、白内障、精神運動発達遅滞などを合併しうるため、特に注意が必要です。

3. 水痘・帯状疱疹ウイルス感染症（水ぼうそう、帯状疱疹）

　空気（飛沫核）感染、飛沫感染、接触感染し、感染力は非常に強く、発熱と水疱などの発疹を伴います。治癒後にウイルスは神経に潜伏感染し、免疫力低下により再活性化して、帯状疱疹を発症し、水疱を伴う発疹と強い痛みと知覚異常を伴い、帯状疱疹後神経痛などの後遺症として残る場合があります。

4. 流行性耳下腺炎（ムンプス、おたふく風邪）

　唾液による飛沫感染、接触感染により感染し、発熱と唾液腺の腫脹を主な症状とします。合併症として髄膜炎、精巣炎、卵巣炎、膵炎、などがあり、注意が必要です。

5. HIV（ヒト免疫不全ウイルス 、Human Immunodeficiency Virus）感染症

　わが国では、HIV感染者・エイズ患者数が依然として増加しています。

　HIVに感染しても、ある一定期間自覚症状のない時期が続くことが特徴です。エイズ（後天性免疫不全症候群）とはHIVに感染して起こる病気で、本来の免疫力があればかからない病気を発症している状態をいいます。

　HIVの感染経路は、(1)性行為、(2)血液を介するもの、(3)母子感染、です。HIVは、精液・膣分泌液・血液・母乳に含まれています。HIVの感染力は弱く性行為以外では日常生活の中でうつることは殆どありません。性行為でも、コンドームを正しく使用すればほぼ100％予防することができます。ただし、直前につけるのではなく、性行為のはじめから終わりまでつけておくことが必要です。

　早い段階でHIV感染が分かれば薬でエイズの発症を防ぐことができます。早期に検査して早急に医療機関を受診することが重要です。

　HIVに感染しても自覚症状のない期間が長いため、検査を受ける以外にHIV感染しているかどうか知る方法はありません。岡山県ではHIV検査は11保健所・支所と10拠点病院で受けられ、保健所・支所では無料・匿名検査をしています。保健所では、HIV検査・性器クラミジア感染症・梅毒・B型肝炎・C型肝炎の検査を同時に受検することができます。

6. インフルエンザ

　インフルエンザウイルスの感染による急性気道感染症で、感染経路は、咳・くしゃみなどによる飛沫感染が主で、飛沫核感染（空気感染）や接触感染などによるものもあり、空気感染するため感染力が強いです。

　感染を受けてから１～３日間ほどの潜伏期間の後に、咽頭痛、鼻汁、鼻閉、咳、痰などの上

気道炎症状に加えて、突然の高熱（通常38℃以上の高熱）、全身倦怠感、頭痛、筋肉痛・関節痛を伴うことを特徴とし、通常約1週間の経過で軽快します。合併症として、脳症、肺炎を起こすことがあります。診断には症状に加えて迅速診断キットが用いられます。

　治療には、塩酸アマンタジン（シンメトレル®）、ノイラミニダーゼ阻害剤として経口薬のリン酸オセルタミビル（タミフル®）や吸入薬のザナミビル（リレンザ®）、キャップ依存性エンドヌクレアーゼ阻害剤として経口薬のバロキサビル（ゾフルーザ®）などがあります。

予防について

- うがい、手洗い、室内の乾燥を防ぎ、必要に応じて加湿しましょう。
- 大勢が室内に集まると病原体が充満します。こまめな換気をし、人混みを避けましょう。
- 免疫力の低下で発病・病状重篤化しやすいため、十分な栄養・休養を取りましょう。
- インフルエンザワクチンは感染力のない「不活化ワクチン」で、一定の割合で予防効果はあります。しかし、ウイルスが突然変異するため万能ではありません。
- 体温計・マスクをまだ持っていない人は購入し常備すること。
- 風邪症状があったら他の人にうつさないためにマスク着用（咳エチケット）、ティッシュは確実にゴミ箱へ。手洗いの励行、なるべく他の人と1～2m以上離れる、などの注意を。

7. その他のウイルス感染症

　主に乳幼児に細気管支炎や肺炎を起こすRSウイルス、冬季に嘔吐・下痢などの症状を伴う急性胃腸炎の原因となるノロウイルスやロタウイルス、発熱、咽頭炎（咽頭発赤、咽頭痛）、結膜炎が主症状で夏季に流行することがある咽頭結膜熱（プール熱）、初夏から秋にかけて乳幼児に多く発熱と口腔粘膜にあらわれる水疱性の発疹を特徴とした急性のウイルス性咽頭炎であるヘルパンギーナ、微熱、咽頭痛で始まり手掌や足底に小水疱が多発する手足口病、幼小児に多いが成人が罹患することもあり、顔面、四肢に紅斑が出現する伝染性紅斑（リンゴ病）、結膜炎を主症状とする流行性角結膜炎、急性出血性結膜炎などがあります。

2）細菌感染症

1. 百日咳

　かぜ様症状で始まり次第に咳が著しくなり、けいれん性の咳発作（コンコンコン、ヒュー）を生じ長引きます。肺炎、脳症を合併することがあります。ワクチンで予防可能ですが、定期接種後の効果切れで、青年・成人患者の報告数が増加して問題となっています。

2. マイコプラズマ

　飛沫感染し、異型肺炎像を呈することが多く、頑固な空咳と発熱を主症状に発病し、中耳炎、胸膜炎、心筋炎、髄膜炎などを合併することもあります。小児に多いですが、若年成人にもしばしばみられます。

3. 結核

　今日でも年間2万人以上の新しい患者が発生し、2,000人以上の人が命を落としている日本の重大な感染症です。（厚生労働省：平成24年結核登録者情報調査年報）。さらに、世界的には毎年130万人もの人が結核で亡くなっています。

① 感染

　結核菌の感染源の大半は肺結核患者です。感染は主に気道を介して飛沫核（空気）感染します。結核菌を吸い込んでも多くの場合、体の抵抗力により追い出されますが体内に残ることがあり、感染が成立してしまいます。

② 症状

　結核菌が体内に残っていても免疫によって封じ込められたままのことが多く、感染した人が発病する確率はBCG接種を受けた人で5～10％と考えられますが、若年者の集団感染事例で感染を受けた人の5～20％以上が発病したとの報告もあります。感染してから2年くらいの内に発病することが多いとされており、その場合過半数が1年以内に発病しています。しかし一方で、感染後の数年～数十年後に結核を発症することもあります。感染後の発病のリスクは年齢的には乳幼児期、思春期に高く、また、特定の疾患の合併や免疫力の低下した人でも高くなります。

　日本では結核のほとんどは肺（肺結核）ですが、肺以外の臓器にも起こりえます。肺結核の症状は咳、喀痰、微熱が典型的とされており風邪と似ていますが、長く続くのが特徴です。進行すれば、全身倦怠感、食欲不振、体重減少、寝汗、胸痛、呼吸困難、血痰、喀血等を伴うこともありますが、初期には無症状のことも多いです。

③ 診断

　「感染」については、ツベルクリン反応検査、インターフェロンガンマ遊離試験（IGRA）などにより診断できます。ツベルクリン反応検査では、反応が結核感染の為か、BCG接種の為かを判断しにくい場合があり、近年ではIGRAが主流になりつつあります。「発病」についてはX線を使った画像診断（胸部X線検査、CT検査）や細菌検査（痰の検査）で診断します。

④ 治療

　昔は多くの方が亡くなりましたが、今日では薬（抗結核薬等）が開発され、きちんと薬を飲めば治ります。しかし、病院受診が遅れたり診断がおくれたりしたために病気が進行して重症になった場合や、免疫状態が著しく低くなった場合には死に至ることもあるので注意が必要です。

　また、治療途中で薬を飲むのをやめてしまったり、指示された通りに薬を飲まなかったりすると、結核菌が薬に対して抵抗力（耐性）を持ってしまい、薬の効かない結核菌（耐性菌）になってしまう可能性があります。結核と診断されたら、医師の指示を守って、治療終了まできちんと薬を飲み続けることが最も重要です。

⑤ 予防

　ふだんから心がけるべきこととして、免疫力が低下しないように規則正しい生活を心がけましょう。また、栄養バランスのよい食事と十分な睡眠、適度な運動などが大切です。

　早期発見には、定期的に健康診断をきちんと受けることが最も重要です。また、風邪のような症状が長く続く（咳や微熱が2週間以上続くなど）ようなら、病院を受診しましょう。他の人への感染を防ぐためにも、早期発見、早期治療が重要です。

3) 食中毒

　一般的に食中毒とは、飲食物を介して体内に入った病原体や有毒、有害な物質によって起こり、比較的急性の胃腸炎症状等を主な症状とします（表3）。細菌やウイルスなどの病原体の感染（感染型食中毒）や、毒素によるもの（毒素型食中毒）が含まれます。近年は、カンピロバクターやノロウイルスが増加しています。食中毒は、飲食店や給食施設などでの食事だけでなく、毎日食べている家庭における普段の食事でも発生しています。

表3　食中毒の原因

微生物による食中毒	細菌	腸管出血性大腸菌 O157、サルモネラ、カンピロバクター、NAG ビブリオ、ブドウ球菌、腸炎ビブリオ、セレウス菌など
	ウイルス	ノロウイルス、ロタウイルスなど
	原虫	クリプトスポリジウムなど
自然毒による食中毒	植物性	キノコ毒、リスクプロファイル（アジサイ）など
	動物性	フグ毒、貝毒など
化学物質による食中毒		ヒ素、ホルムアルデヒド、有機水銀、カドミウム、農薬など

　細菌による食中毒では、菌を、付けない、増やさない、殺菌する、の3原則で防ぐことができます。

　① 「清潔」（菌を付着させない）
　・手洗いをよくする。まな板、ふきん等の調理器具、冷蔵庫の中を清潔にする。
　② 「新鮮」（菌を増やさない）
　・生鮮食品や調理したものは、できるだけ早く食べましょう。冷蔵庫を過信しない。
　③ 「加熱」（殺菌する）
　・食品は十分加熱して中心部まで火を通す。加熱するものを生ものと接触させない。

　嘔吐や下痢が続き、水分の摂取が困難な場合は脱水を来すため、輸液など脱水の補正が必要です。また、血便や下血を来す場合も早急に医療機関を受診する必要があります。

【禁煙】

1. はじめに

　日本では20歳になると法的にはタバコを吸うことが可能になっています。しかしタバコは健康を害することが明らかであり、また、依存性のあるニコチンという物質が含まれるため、一度吸い始めるとやめるのが難しくなります。

2. タバコと健康障害

　タバコの煙には4,000種類以上の化学物質、60種類以上の発がん性物質が含まれています。そのため喫煙により肺がんや喉頭がんなどを発症する危険性が高くなります。タバコの煙の成分

は体内に吸収されて全身を巡るため直接関係のなさそうな臓器にもがんを発生させます。また、がんだけではなくCOPD（慢性閉塞性肺疾患）や心血管系疾患、胃潰瘍、歯周病など様々な病気の発症にも関与してきます。世界保健機関（WHO）のデータによると、喫煙は全世界の死亡のうち700万人の原因といわれています。先進国では毎年150万人が喫煙により命を落とし、死亡原因の第1位といわれています。

3. 能動喫煙と受動喫煙

　喫煙者が自分のタバコの煙（主流煙）を吸うことを能動喫煙、周りの人が吸っているタバコの煙（副流煙など）を吸うことを受動喫煙といいます。副流煙は燃焼温度が低く、燃焼が不完全であるため、主流煙より副流煙の方が有害物質を数倍〜数十倍の高濃度で含んでいます。つまり、喫煙は自分だけではなく周りの人の健康も害してしまうことになります。夫から受動喫煙を受けている妻は夫が喫煙しない場合と比べて肺がんになる危険性が倍増すること、親から受動喫煙を受けている子どもは受動喫煙のない子どもに比べて気管支喘息が多いことが判明しています。最近のわが国での調査をまとめた結果によれば、成人期の受動喫煙で肺がんリスクは約3割増えることが明らかになっています。日本では受動喫煙が原因で年間に少なくとも1万5千人の命が奪われています。

　岡山大学では2014年4月から敷地内全面禁煙になっています。ホケカンの調査では、敷地内全面禁煙により自覚的にはもちろん客観的にも受動喫煙が劇的に減少しました。敷地内全面禁煙実施の有用性の一つであり、分煙に逆戻りすることなくこれを維持していくことが大切です。

　一方、敷地内全面禁煙実施後に大学周辺での喫煙に対する周辺住民の方々からの苦情が続くため、大学周辺を全面禁煙区域とする試みがなされています。

4. いわゆる「新しいタバコ」について

　数年前よりいわゆる「新しいタバコ」が急速に広まりつつあります。すなわち、紙巻きタバコ（いわゆる普通のタバコ）が喫煙できなくなったため、代替として新しいタバコを使用する例が多いようです。新しいタバコには様々なものが含まれますが、ニコチンや発がん物質を含む有害物質により喫煙者に依存症やがん誘発などの健康への悪影響をもたらす可能性があります。またニコチンを含むものでは呼気にニコチンが含まれ、受動喫煙を引き起こします。そのため、岡山大学では「新しいタバコ」も敷地内全面禁煙の規制対象としています。

5. 禁煙に関して

　健康のためには喫煙を開始しないことが最も良いに決まっています。皆さんがタバコを吸い始めるのを防ぐことが、敷地内全面禁煙実施の大きな目的のひとつでもあります。しかし、もし喫煙を開始してしまった場合、出来るだけ早く喫煙をやめるほど病気になる危険性が減ることがわかっています。ニコチン依存症のため喫煙がやめられなくなった場合、禁煙外来を行っている医療機関で治療を受けるべきで、健康保険を使うことが出来る場合もあります。禁煙を思い立ったときは、医療機関を紹介することもできますのでホケカンにぜひ相談して下さい。

4. 心をケアする

【メンタルヘルスの相談について】

1. メンタルヘルス（心の健康）相談

毎年、新入生を対象としたメンタルヘルス講義において、「心理的サポートを必要とする学生の割合がどの程度であると思うか」という質問をし、10％刻みで挙手をしてもらっています。おおよそ20％～60％の範囲に収まり、30％くらいと思っている学生が最も多くなります。約3人に一人は心理的サポートが必要と新入生は考えているようです。このように、心理的サポートは身近なものとされているので、「心理的なことを相談する」ことは、ごく普通のことであります。自分で一人悩む、あるいは友人と一緒に悩むことは、大学生活において意味のあることだと思います。しかし、心身の不調をきたすまで悩むのは、避けたいところです。

家族に相談できないと思っている学生は多いようです。家族には心配かけたくない、言えば過干渉気味に対応してくるから嫌、元々家族と仲が良くない等の理由をよく聞きます。教員への相談は、教員をあまり知らないので相談しにくい、忙しそうだからわざわざ自分のために時間を割いてもらうのは申し訳ない、先生と相性が合わない等の理由により相談することをためらう学生も多いようです。また、友人に相談するのが苦手だったり、友人と喧嘩別れした直後等、友人に相談できない状況だったりすることもしばしばあります。

このような時、保健管理センターのメンタルヘルス外来や学生相談室、障害学生支援室、学生支援コンシェルジュ、ハラスメント防止対策室、留学生相談室などを利用してください。医療機関が関係する事については、保健管理センターで対応することが多くなりますが、どこに相談してよいかわからないときは、どの相談窓口でもよいのでまずは相談をしてください。各相談窓口が連携して対応します。

岡山大学には「こころの健康宣言（2014年1月）」があります。そこでは、『「こころの健康」とは、「本学の全ての構成員が、こころの不調のあるなしに関わらず、生き生きと自分らしく学び、働くことができること」です。』としています。保健管理センターは、医療機関ではありますが、疾病の有無にかかわらず「精神的に困ったこと」があるときは、対応しますので早めに受診をしてください。

しかしながら、「相談する」行為は本人にとってとてもエネルギーが必要で、苦手なことであることもあります。本人の行動を待つばかりでは、適切な相談時期を逃すことになるかもしれません。なかなか本人の相談が難しいようであれば、周囲の人がまず相談してみるということも選択肢の一つです。

相談する時期ですが、基本的には状況をこじらせないうちに相談するのが良いのですが、特に睡眠や食欲がいつもと違う状況が続く場合は、早めに相談するのが無難です。

保健管理センターメンタルヘルス外来の診療時間、体制については岡山大学保健管理センターのホームページに掲載していますのでご覧ください。

なお、診療内容については法律に則って、守秘義務を果たします。

2. 保健管理センターのメンタルヘルス相談を利用したほうが良い状況とは？

①いつもと違う心の不調を自覚したとき：自覚するのが難しいことも多いので、他人から指摘されたときは、素直に従って受診することが無難です。

②食欲や睡眠がいつもと違う状態が続くとき：食欲は、無理して食べるのではなく、空腹感があり、味覚を味わうということがセットになります。睡眠時間は、調子が悪い時には不眠になりやすいのですが、逆に過眠になるときもあります。朝起きた時に「寝た」という実感があるのが良い睡眠です。

③寝つきが悪く、翌朝起きられないとき：1限目の必修科目を遅刻や欠席しやすいときは、睡眠相後退症候群という状態であるかもしれません。また、睡眠時刻が「バラバラ」のときも、概日リズム睡眠障害が背景にある可能性があります。

④事件、事故に関わったとき：被害者、加害者にかかわらず、事件・事故に関わったときはこころのケアが必要な時があります。時間がかなり経ってから心身の不調を自覚することもあるので注意が必要です。

⑤どの医療機関を受診してよいかわからないとき：必要に応じて医療機関を紹介します。また、すでに地元の医療機関に通院治療中の人で、岡山の医療機関に転医希望のときには、主治医からの紹介状を持参してください。紹介状があると医療の継続・連携がスムーズになります。

⑥友人や家族が心配なとき：自分のことだけではなく、友人や家族のことで心配事があるときにも相談に応じます。

⑦学業成績が落ちてきたとき：勉強しているにもかかわらず成績が落ちてきた、ということがあります。また、特定の科目の成績が悪いというときもあります。このような状態の時には、心理テストが有用であることもあります。

⑧友人や教職員との人間関係がうまくいかないとき：人間関係がうまくいかない状態が続くと、精神的にきつくなります。視点を少し変えた工夫により、状況が好転することもあります。工夫の仕方はいろいろありますので、自分にあったものに出会えることが重要です。

⑨その他に、飲酒・ゲーム・ネット等の依存、不登校・引きこもりの相談もあります。

詳しくは、下記の参考図書を参照してください。

3. 参考図書

清水幸登，大西勝　他著，キャンパスライフとメンタルヘルス ダイジェスト版，和光出版，2012

【大学生活とメンタルヘルス】

　大学生活を居場所という点からみると、家族という居場所を離れ、新しい居場所を探すことといえるでしょう。友人、サークル、恋愛、研究室、趣味、そして自分の夢。こうした居場所（居心地のよいことが肝心！）を見つけることができれば、大学生活はより充実したものになります。自分の居場所について考えてみよう。

　大学生活におけるメンタルヘルス問題が起きやすい時期や状況を「メンタルヘルス症候群」と

してまとめてみました。これらの症候群を理解することで、メンタルヘルス問題を回避し乗り越える知恵を身につけよう。

key words
居場所　メンタルヘルス症候群

1. 居場所とは？

安心感や帰属感や自己肯定感や充実感など（つまり、居心地がよいこと）を持つことができる状況

A. 居場所の分類

空間としての居場所：「家」「自分の部屋」「自分の机」

対人・組織関係としての居場所：「家族」「友人」「所属集団(サークル　研究室)」

社会的役割としての居場所：「学生」「アルバイト」「ボランテイア」

自己目的としての居場所：「趣味」「やりがいのあること」

B. 居場所とメンタルヘルス

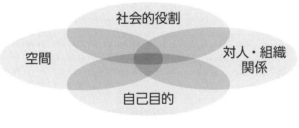

いずれかの居場所で、居心地が良ければ、メンタルヘルスは健全に保たれやすい。
いずれの居場所でも、居心地が悪ければ、メンタルヘルスは不調になりやすい。

図1　居場所の分類

2. 大学生のメンタルヘルス症候群

とりあえず入っちゃったけど症候群

受験の成績や家庭の事情などから、本来の志望以外の大学・学部に入学すること。「ここは自分のいる場所ではない」という不適応感・疎外感などから、仲間作り、授業から足が遠のいてしまう。別名、不本意入学とも呼ばれている。

発症時期：入学後早々

対　　策：大学内に居場所ができると不適応感が少なくなることが多い。大学生活を送る中で、自分の気持ちをじっくり固められればよいが、不適応感が強い場合は、再受験、転部など。

ひきこもりじゃないけど症候群

学業や友人関係のつまずきから、大学から足が遠のいてしまうが、ひきこもることはなく、趣味や遊び、バイトなど目の前の出来事に熱中して日々を過ごすこと。ただし、大学に行っていない負い目を常に感じているので、心からは楽しめてない。

発症時期：大学全般

対　　策：生活の目標を定め、自分の将来について考えること。

完璧理解症候群

授業内容を完璧に理解しようとしたり、レポートを完璧に仕上げようとしたりして、分からないところで止まってしまい、先に進めなくなってしまうこと。重症になると、授業を完璧に理解できるかどうかが不安になり、授業に出席できなくなることもある。

発症時期：試験・実験・実習

対　　策：受験勉強は、学べば学ぶほど分からないことが少なくなるが、学問は、深く学べば学ぶほど、分からないことが多くなるものである。ほどほどで納得することが重要である。レポートなどは、細かいことには目をつむり、まずは書き上げるとよい。先輩や同級生から試験や実習の情報を収集するのも大事。

スタートダッシュ症候群

新しい環境に適応しようとすることにより起こる精神的な症状の総称。例えば、4月には新しい環境への期待があり、意識的あるいは無意識的にその環境に適応しようとするが、疲労がたまり、人によってはうつ病に似た症状が起こる。その他、実習や研修に入ったときに起こりやすい。

発症時期：入学1ヶ月後あたり（五月病）、実習

対　　策：はりきって飛ばしすぎず、適宜、休憩をとること。五月病の場合は、GWに実家に帰る、高校時代の友達と連絡をとるなどする。

ヒマラヤ症候群

授業、就職活動、卒業研究など、課題が続くとき。これらの課題が山積みになっているように見えてしまい、その高さに圧倒され立ち止まってしまうこと。

発症時期：各学部の最終学年

対　　策：登山のコツは、山頂を見ずに、足元を見ながら歩くことである。これと同じく、先の課題を考え不安になるのではなく、目の前の課題に取り組む。

ブラックジャックになれない症候群

例えば、医療系学部の場合、専門科目や解剖・臨床実習が始まったときに、思うように理解・実習できないため、「自分は医師や看護師の適性がないのではないか?」と悩む込み、自信を失うこと。教育学部の場合は、「金八先生になれない症候群」と呼ぶ。

発症時期：専門科目・実習

対　　策：思いつめすぎないこと。できなくて当たり前と考えること。課題をクリアーすることで、いつのまにか医療人（教育人）としての力が身についているものである。

ゴール前ストップ症候群

教育実習や病院実習があと少しで終了という時期に、突然、実習を休みだすこと。達成感のないままに、実習を終えることに躊躇してしまう。

発症時期：実習後半

対　　策：倒れこんでも実習を終了すること。達成感のある実習はないことを知る。

あしたのジョー症候群

何か大きなことを成し遂げた後、急に緊張の糸が切れたかのようにガタッと虚脱状態に陥ってしまう。次の目標が見つからずに、何をしても面白くない、何もやる気にならない、動く気にならない。この状態が長く続くと「うつ病」となる可能性もある。

発症時期：入学直後、実習後、サークル（特に運動系）引退後

対　　策：十分な睡眠と休息　趣味など自分の好きなことをしながら気持ちの整理をつける。

顔色うかがい症候群

ときに教員は、研究や教育、あるいは臨床に熱心になるあまり、語調が強くなることがある。これを真正面から受け取ってしまい、落ち込む。そのため、教員の顔色をうかがうようになり、ビクビクしながら実習や研究室で過ごすこと。

発症時期：ゼミ配属・臨床実習

対　　策：教員はときにヒートアップすることがある。強い語調の言葉を正面から受け取るのではなく、左から右に聞き流すこと。同級生同士で教員に対する愚痴を言い合うのも効果的。ただし、アカハラに抵触する言動についてはしかるべきところに相談すること。

人に頼れない症候群

人に頼る術を知らない、あるいは、プライドが許さないなどから、自分一人の力だけでは乗り越えられない課題に直面した時にも、人に悩みをうち明けたり、助けを求めたりすることができないこと。これまで人に頼らずに、自分の力でやってこられた学生に多い。

発症時期：大学全般

対　　策：他者に助けを求めることも、大事な生活力の一つであると知ること

ふれあい恐怖症候群

学業上やあいさつを交わす程度の付き合いならば特に問題なくこなせるが、お互いのことを深く知り合うほどの付き合いに恐怖感を抱くこと。一人でいるのは嫌だが、断られるのが怖くて自分からは誘えない、深い話をして嫌われるのは怖いなどの心理が働いている。

発症時期：大学全般

対　　策：一気に相手に近づこうとするのではなく、少しずつ距離を縮めてお互いにとって最適な距離を見つけていく。

「死にたいメール」症候群

辛いことや嫌なことがあると、すぐに、「死にたい」とのメールを友人たちに送ってしまう。メールが届いた友人たちは、自分の用事はさておき、メールの返信に追われたり、他の友人に連絡をとったりと大さわぎになる。ところが、メールを送った本人は、「死にたいメール」を送ったことで満足し、意外と平静でいることが多い。

発症時期：大学全般

対　　策：「死にたいメール」を受け取った友人たちを思いやる「想像力」を持つこと。「ITモラル」を身につけること。

恋愛狩人症候群

相手のことを本当には愛してないにも関わらず、とりあえずの恋愛関係を結ぶこと。心から満足できないため、次々と相手を代えてしまい、次第に人を愛するという感覚が麻痺する恐れがある。

発症時期：大学全般

対　　策：とりあえずの恋愛関係を繰り返すのは、若いのでやむを得ないところもあるが、どこかで、これではいけないと気づくこと。早く本命が見つかればよいのだが。

恋愛いいなり症候群

恋愛における別れは辛いものである。しかし、いつか終わりが来るのが恋愛である。別れが辛くて、一人になるのが怖くて、フラレないために、自分のプライドを捨ててまで、相手の要求を受け入れることをいう。デートDVに発展することもある。

発症時期：大学全般

対　　策：一人になるのを恐れないこと。ほろ苦いよい思い出で終えることが大事。

就活恐怖症

就職活動で何社も不合格になると、自分自身の人格を否定されたと思いこみ、自信を失うこと。重症になると、就職活動からドロップアウトしてしまい、卒業後NEETになるケースもある。

発症時期：就職活動中

対　　策：キャリアカウンセリングを受けるなど。

なんちゃって大学院生

望むところに就職できそうにない、あるいは、まだ社会に出たくないなどの理由から、研究に格別の興味がないのに大学院に進学すること。研究へのモチベーションが上がらないため、研究も進まず、研究室から足が遠のき、指導教員との関係も悪くなりやすい。

発症時期：大学院

対　　策：入学早期であれば、退学して学部卒で就職するのも一手。

人に頼れない症候群（34.0%）

ヒマラヤ症候群（30.2%）

ふれあい恐怖症候群（29.2%）

とりあえず入っちゃったけど症候群（25.5%）

完璧理解症候群（19.8%）

あしたのジョー症候群（18.9%）

スタートダッシュ症候群（17.9%）

ブラックジャックになれない症候群（7.5%）

就活恐怖症（7.5%）

ゴール前ストップ症候群（6.6%）

恋愛狩人症候群（5.7%）

ひきこもりじゃないけど症候群（4.7%）

「死にたいメール」症候群（2.8%）

恋愛いいなり症候群（0.9%）

なんちゃって大学院生（0%）

資料　2008年キャンパスライフとメンタルヘルス（106名受講　男子54名　女子52名）

3．引用文献

大西勝：キャンパスライフにおけるメンタルヘルス症候群．第37回中国・四国大学保健管理集会報告書，2007

第Ⅲ章
自分・大学・社会を知り、人生について考える
キャリアデザイン編

1. キャリアについて考える

(1) キャリアとはなにか？

　テレビやネット、新聞や雑誌などを見ていると、いろいろなところに「キャリア」という言葉が登場します。「あの人はキャリア組だ」「これからキャリアアップしたい」などなど、近年はますます身近な言葉になってきました。そして、大学などの高等教育機関においても、文部科学省が平成23年度にキャリア教育を義務付けしたこともありキャリアやキャリア教育という言葉はかなり身近なものになりました。

　それでは、このキャリアやキャリア教育というのはいったい何なのでしょうか？英語表記では「career」になります。ちなみに、最近もう一つ身近なキャリアがあります。それは、携帯電話等に用いられるキャリア（携帯事業者）です。こちらは英語で「carrier」と表記し、「運搬する」というcarryの名詞形です。電波で音や文字や画像を運ぶという意味を込めて使われているのですが、こちらは本題のキャリアとは違いますので注意しておきましょう。

　さて本題の「career」ですが、一般的には経歴や生涯という意味で用いられます。もう少し掘り下げていくと、careerはラテン語の「carraria（乗り物の通り道＝轍）」が語源となっています。個人のこれまでの経歴という轍であり、これから目指していく未来への轍という意味が込められているのです。また、先人たちが作ってきた歴史という轍もあり、人はこの轍をたどりながら、自らも轍の作り手になっていくというイメージをcareerに抱いてもらいたいものです。

　このように理解した上で、キャリアを大きく2つに分けておきましょう。一つ目に上述のキャリア組やキャリアアップに象徴されるように仕事上・職歴上のキャリアがあります。これをジョブ・キャリアまたはビジネス・キャリアと呼び、狭義のキャリアともいえるでしょう。二つ目に仕事だけでなく個人の人生すべてを意味した広義のキャリアがあります。これをライフ・キャリアと呼びます。したがって、一言でキャリアといっても、ジョブ（ビジネス）・キャリアを指すのか、ライフ・キャリアを指すのかによって、キャリアの意味合いが変わってくるのです。

　また、社会的立場や職階、資格の有無などをキャリアという場合がありますが、こちらは個人に関する外的・客観的なキャリアのことを意味しています。一方、経験値の高まり、自信の向上などは内的・主観的なキャリアを意味することになります。おおよそ外的・客観的なキャリアとジョブ（ビジネス）・キャリアとが重なり、内的・主観的なキャリアとライフ・キャリアとが重なる傾向があるといえます（もちろん一概には言えませんが）。

　これらのキャリアの関係について、下のように図式化していますので参照してください。

【図：狭義のキャリアと広義のキャリア】

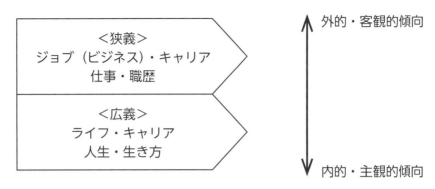

(2) キャリアを形成するためには？

　自分自身のキャリアを築く過程を「キャリア形成」といいます。キャリア形成についても TOEICなどの語学力を証明したり、簿記などの資格を取得したりで外的・客観的なキャリアを 形成することができます。しかし、ここでは内的・主観的なキャリア形成について詳しく述べて おくことにしましょう。

　よく大学生活は「人生の夏休み」と揶揄されることがあります。下の表を見てください。

【表：授業のない日数の概算】

春　休　み	60日
夏　休　み	45日
冬　休　み	15日
ゴールデンウィーク	5日
長期休暇期間以外の週末	64日
合　　計	190日

　この表は、大学生の授業のない日数を概算で算出した表です。たしかに1年間の半分以上も授 業のない日になっています。個々の学生の授業の履修状況によっては、さらにこの日数が増えて いくことになるでしょう。たしかに、この日数を見るだけでも、人生の夏休みにふさわしい期間 です。しかし、これは授業だけでなく授業のない時間も含めて、それぞれの学生が自分なりのキ ャリア形成をできる期間ともいえるわけです。高校生の頃までは、多くの時間で共通の授業を受 け、そこには独自の経験ができる時間はわずかでした（例外は除きます）。大学生になれば、授 業と独自の経験ができる時間とのバランスが一気に変わり、独自の経験のウェイトが大きくなる のです。したがって、大学の授業に対する臨み方と独自の経験ができる時間の過ごし方とで、個々 の大学生は十人十色のキャリア形成がかなうわけです。

　もう少し平易な言い方をすれば、夏休みをダラダラと過ごした後の2学期以降が大変なように、 授業のない時間を閉塞的かつ怠惰に過ごせば過ごすほど、豊かな内的・主観的なキャリア形成は 困難になるでしょう（外的・客観的なキャリア形成も困難ですが…）。逆に、授業のない時間に 自ら選んだ独自の経験を蓄積すればするほど、豊かなキャリア形成がかなうことになるのです。

（3）経験するとは？

　さて、先ほどから「経験」という言葉がちらほらと登場し始めました。人は経験を通じて学ぶことができるといわれるように、経験することで人は知恵を身に付け、能力を高め、人間性を豊かにしていくわけです。必然的にキャリア形成にも経験することが欠かせなくなっているのですが、それ以前に経験そのものについて共通認識を持っておきたいものです。下図は経験を構成する3要素とそれら要素が重なり合い経験を作り上げているイメージを図示したものです。

【図：経験の三つの要素】

　この図のように、人が経験するためには、活動が必要です。この活動には、動的なものから静的なものまで多様にあります。いずれにしても、活動そのものに参加し、自身が活動主体となり活動の質を高めていくことで、経験を豊かにすることができるでしょう。次に、この活動を共にする他者の存在が必要です。他者と共同する中で、そこに軋轢や合意が繰り返される場合もあるでしょう。また、感情を表出させてしまうこともあるでしょう。しかし、このような他者との共同があることで、活動の質をますます高めるとともに、他者との関係性をも変容させることになります。

　さて、実はこの活動と他者の二つの要素だけであれば、経験とは言い切れません。むしろ「体験」といってしまってもよいかもしれません。たしかに、体験にも活動と他者は欠かせませんし、多様な活動を多様な他者と繰り広げれば、体験は豊かになっていくことでしょう。しかし、それだけでは経験を豊かにすることはできません。経験を構成するもう一つの要素である「自己」が欠けているからです。複数でなくても多様でなくても構いません。何か一つの活動に参加・没入し、そこで他者との共同関係を築くことができたとします。このような活動と他者との過程において、自分自身の中でふり返り、内面化することではじめて経験になり得るのです。言い換えるなら、体験を内面化することで経験になります。この自己の内面化の質が経験の質を決定づけることになるでしょう。

　以上の通り、経験には上述の三要素が重なり合い、それぞれが相互に関連し合って経験の質は高められます。

（4）豊かな経験のために必要なことは？

みなさんには、上述の経験の三要素を踏まえて、大学生活で豊かな経験を蓄積してもらえたらと思います。そのような中、学生に起き得る以下のようなケースもありますので、これらのケースの何が問題なのかを検討しながら、どうすればこれらのケースに陥らないようにできるのかを予め認識しておきましょう。

【ケース１：A男の場合】

　大学４年生のA男は、「社会に出たら、オレが世の中を変えてやる！」という思いを強く持っている。「世の中にはたくさん困っている人たちがいる。それは世の中の仕組みが間違っているからだ！」と思っている。

　しかし、A男はこの大学生活で世の中を変えるために特に何かを努力してきたわけではなかった。数少ない友達と飲みに行けば、A男は決まり文句のように「オレが世の中を変えてやる！」「困っている人たちが幸せになれないのは間違っている！だから、まずは困っている人たちが幸せになれるような世の中をつくっていくんだ！」と熱弁をふるう。

　周りの友達も、A男のお決まりのセリフを聞くにつれて、「それで、A男は何がしたいんだろう？」と思っていた。

問）ケース１（A男）の問題点は何でしょう？

【ケース２：B子の場合】

　大学３年生のB子は、就職活動を開始した。B子は、この時を待っていた。B子はとにかく一流企業に入社したかったため、大学１年生の頃から就職活動の方法について勉強をしてきた。特に、あいさつやマナー、自己PRの方法についてはよく知っており、周囲の同期たちも一目を置くほどだった。

　ところが、就職活動が始まるとB子はカベにぶつかることとなった。「大学時代に特にがんばったことは何か？」という問いを受けて、「特にがんばったこと」が書けなかったのだ。確かに、就職活動の勉強は特にがんばってきた。しかし、同期たちの情熱的な部活動や献身的なボランティア活動に比べると明らかに内容が薄くなってしまう。悩んだ結果、B子はアルバイトのことを書くことにしたが、どこかこじつけた感じを否めなかった。

問）ケース２（Ｂ子）の問題点は何でしょう？

【ケース３：Ｃ男の場合】

　大学３年生のＣ男は、１年生の頃から大学生活のことを語れるようになりたいと思い、自分が興味のあることを全部やってやると決意した。スポーツのサークル、飲み会のサークル、バイクの免許、飲食店のアルバイト、家庭教師のアルバイト、海外旅行、英会話スクール…最近は、さらにＤＪにも興味を持ち始めている。

　３年間の中で、次から次へと転々といろんなことをしてきた。あいさつやメールをする友達も増えた。しかし、どれもが中途半端で本気になってきた感じはない。友達との付き合い方もどこか表面的な感じがする。結局のところ、Ｃ男は大学生活のことを語ろうと思っても、何を語ればよいのかが分からなくなっていた。

問）ケース３（Ｃ男）の問題点は何でしょう？

【ケース４：Ｄ子の場合】

　大学２年生のＤ子には、大きな悩みがある。高校の頃は、予備校通いが中心だったため、あまり友達と一緒に何かをやったという思い出もない。大学に入れば、何かをしたいと思っていた。

　ところが、何をしていいのかわからないのである。部活に入ろうかとも考えた。それでも、部活はしんどいだろうと尻込みした。サークルに入ろうとも考えた。それでも、お酒とか飲まされたらいやだしと尻込みした。コンビニのアルバイトをしてみようとも考えた。それでも、店長やお客さんに怒られたらいやだしと尻込みした。

　結局、そんな悩みを抱えながら、Ｄ子はあと１カ月弱で大学３年生を迎える。

問）ケース４（Ｄ子）の問題点は何でしょう？

　先ほどの四つのケースをもう一度思い出してみましょう。具体的な方針や計画を立てることのできなかったＡ男、行動の選択を間違えてしまったＢ子や実行に移せなかったＤ子、いま何を重視すべきかをふり返られなかったＣ男…など、学生時代に起きそうなケースを取り上げました。

　それでは、このようなケースに陥ることなく、学生時代に豊かな経験を積み重ね、一人前の社会人になっていくためのキャリアを形成するために必要なことは何でしょうか？ここでお勧めしておきたいのが、「ＰＤＣＡサイクル」です。

　ＰＤＣＡサイクルとは、方針や計画を立てる「Plan」、計画に基づいて実行する「Do」、その実行した結果をふり返り確認する「Check」、そして今後の改善策を見出す「Act」が一連の流れをつくり、さらに改善策（Act）を踏まえた方針や計画（Plan）へと移行するサイクルのことを意味しています。このサイクルによって、常にＰＤＣＡは回り続けることになるのです。

【図：ＰＤＣＡサイクルのイメージ】

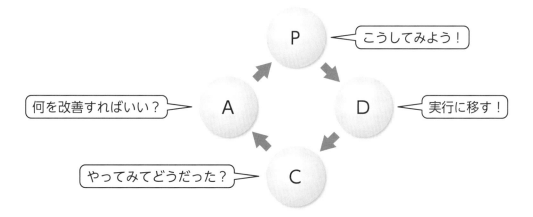

　学生時代にどれだけこのＰＤＣＡサイクルを回し続けられるかが大切です。例えば、「地元を支えていくために公務員になりたい」という方針があったとします。そして、このような方針を実現するために、１年生のころから計画を立ててみるのです。これが一つの「Ｐ」になります。このＰに基づいて１年生で実行（Ｄ）し、１年間の成果を確認（Ｃ）し、２年生に向けての改善点を考える（Ａ）、そして２年生になっての計画（Ｐ）を立てて…となります。この１年生のＰＤＣＡから２年生へ、２年生から３年生、そして４年生へ…と学年という期間でＰＤＣＡサイクルを回していきたいものです。

　さらに、このようなＰＤＣＡサイクルの中に小さなＰＤＣＡサイクルがあります。例えば、試験期間や部活動の大会までの期間やアルバイトなどの一定期間を節目に、ＰＤＣＡサイクルを回すわけ

です。この小さなPDCAサイクルが集まりながら、より大きなPDCAサイクルをつくり出すといってもよいでしょう。そして、学生時代の中で小さなPDCAサイクルを回しながら大きなPDCAサイクルへ転じていくことで、一つひとつの体験を明確に意識でき、豊かな経験へ変えていけるのです。

（5）学生時代に豊かな経験を！

　みなさんが学生時代に豊かな経験をしていく中で、ぜひとも視野に入れておいてほしい活動があります。その前に、大学生活の中にはどのようなものがあるのでしょうか？　大学生活を構成する主な活動を下図の通りに整理したので参考にしてみてください。

　さて、この中でいわゆる正課外活動と位置づけられる活動は、「授業・研究室・ゼミ」以外といえるでしょう。正課内と正課外との区別は非常に難しくて、厳密に言えば授業やゼミの一環として当該時間外に実践的な内容に取り組んだ場合も正課外活動といえるかもしれません。また、アルバイトは個人の範疇によって大学から大きく外れてしまいがちなため、厳密には正課外活動の中に入らないとも考えられます。このように、小学校や中学校、高等学校と比べて、正課内外がボーダレスになりがちだったり、正課外をさらに超える活動範囲があったりするのが高等教育機関（大学や短期大学など）です。したがって、先ほどの区別は、敢えて区別をしたと理解してください。

【図：学生生活を構成する主な活動】

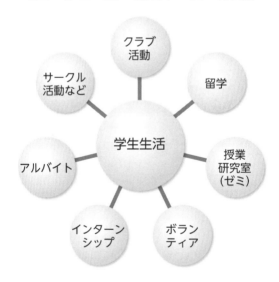

　ところで、ここで考えていきたい点は何が正課内で正課外なのかという区別の問題ではありません。学生のみなさんが豊かな経験をするためのフィールドは、正課内だけでなく正課外にも求められているということです。そして、キャリア教育には学生たちの正課外活動を支援する役割もあるのです。このように、キャリア教育の視点から見ても、みなさんが正課外活動に積極的に取り組めることが望ましいと考えられます。そして、正課内の活動だけでは得られない幅広い活動と地域社会とのつながりから得られる人間関係、これらの活動と他者が伴った自己の気づきは、みなさんの豊かな経験を保障するものでしょう。

　さて、本節では、これまで学生生活を通して豊かな経験（活動・他者・自己）を蓄積してほしいこと、そのためには中期的及び短期的なPDCAサイクルを回し続けること、そして正課外活動へ参加してみることを提起してきました。この提起には、みなさんが将来を見据えながら充実した学生生活を過ごしてほしいという願いを込めています。その点でいえば、みなさん一人ひとりの人生というライフ・キャリアとその中にある社会的・職業的なジョブ・キャリアがあるように、学生生活にはキャンパスライフ・キャリアがあるといえるでしょう。

　みなさんは、いま、まさにキャンパスライフ・キャリアを切り拓こうとしているのです。将来、自分はどんな社会人になりたいのか、どんな職業に就きたいのか…みなさんが社会で自己実現をしていくためには、このキャンパスライフ・キャリアをいかに切り拓いていくのかが問われるわけです。だからこそ、これからのキャンパスライフ・キャリアを自分の手でデザインしていきましょう。

　先ほどのPDCAサイクルを思い出してください。まずは「Plan」です。みなさんがこれからどのようなキャンパスライフ・キャリアを切り拓いていくのか、思い描いてみましょう。ぜひ、みなさんが豊かなキャンパスライフ・キャリアをデザインしていけることを願っています。

　なお、今回のテーマの最後に、以下の問について考えてみてください。

問）あなた自身が下図の「木」だとしたら、学生生活を過ごしていく上で「太陽（日光）」
　　「雨（水）」「土（栄養・土台）」はあなたにとって何があてはまると思いますか？
　　下枠にそれぞれ記入してみましょう。

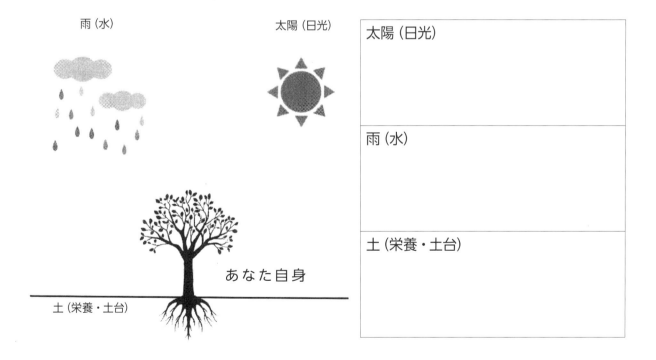

2. 自分自身を理解する

(1) 自分自身を知りたい発達段階

　人間には発達段階（ライフ・ステージ）というものがあります。0～1歳の乳児期、1～6歳の幼児期、7～12歳の児童（学童）期を経て、中学生から大学生にかけては青年期という発達段階になり、20歳以上になると成人期へ突入します。

　青年期は特に長期にわたるため、前期、中期、後期に細分化され、一般的な大学生は青年期後期に位置付けられます。青年期になると、これまで以上に自我を形成することが求められ、何よりも「自分自身を知りたい」という願望を強く持つといわれています。たしかに、複雑で厳しい社会的現実に対応していくのであれば、自分自身をわかることは必要不可欠でしょう。

　それでは、どうすれば自分自身をわかることができるのでしょうか？　一つの糸口となるのが「自己受容」です。自己受容とは、文字通り「ありのままの自分を受け入れる（受容する）」ことです。自分の長所も短所もすべて含めて受け入れるわけです。しかし、これは決して容易なことではありません。なぜなら多くの学生は、これまでの成育歴の中で勉強やスポーツ、その他特定の技能を要するものができることを長所とし、それらができないことを短所としてきた傾向があるからです。そのため、自分自身の長所と短所を価値づける範囲が狭く、その範囲を拡げた自分の長所と短所を自覚できていない場合があります。例えば、落ちているごみを拾うことや飲み物を飲むときにコースターを使うこと、日常的に整理整頓ができることや気持ちよくあいさつができること、イヤなことがあっても顔に出さないことなどなど、価値づける範囲を拡げれば自分の長所や短所はますます多様に見えてくるはずです。

　さらに、長所と短所の価値づける範囲を拡げることに加え、その長所と短所はとらえ方によって両方の意味を持っている（両義的である）ことにも気づかなければなりません。例えば、積極的という長所は、厚かましさや図々しさという短所にも置き換えられます。控えめで消極的な短所は、慎ましさという長所にも置き換えられるでしょう。つまり、自分自身が長所だと思っていたことがとらえ方によっては短所に、短所だと思っていたことが長所に変わるということを自覚しなければなりません。長所と短所が両義的に価値づけられるように、とらえ方を変えていけることも求められるわけです。

　このように、自分自身を知る際に、これまでの狭く限られた長所と短所だけで自分を知るのではなく、長所と短所の価値づけの範囲を拡げ、価値づけのとらえ方を変えながら、これまで気づくことができなかった自分を知り、自分自身を受入れることが学生時代にはできるはずです。

(2) 自分自身の理解を深める

　さて、学生のみなさんが置かれている発達段階について特徴的な内容を確認しました。上述しましたが、これらの特徴は必ずしもすべてみなさんに当てはまるということではなく、青年期という発達段階において一般的に見られる特徴として理解しておいてください。その上で、「あぁ、こういうところがあるかもしれないな…」などと自分自身の現状をとらえていく参考にしていただければと思います。

その上でここでは、個々の自己理解をますます深めていけるための方法について提起していきます。その前に、どうして自己理解を深めていく必要があるのかについて述べておきましょう。

そもそも人はわからないことに不安感を抱いてしまいます。特に、社会的現実と向き合おうとする発達段階で、人間関係は広がり、ますます自分を映し出す他者の存在が増えてくるのです。そして、これまでの発達段階とは異なり、社会的にも人間関係的にも自分がどのような存在でなければならないのかを考えるようになり、自分自身を考えようとする意識が高まることで、逆に自分自身がわからなくなってしまうのです。そのため、自分自身に対する「わからない」という不安感も募ってくるかもしれません。

同時に、思考力も高まってくるため、自分自身に対して考えられるようにもなってきます。言うまでもなく、能力が高まれば、やってみようとする意欲も高まります。ここで、わからないという不安感とわかりたいという意欲との相互作用が生まれるとともに、社会的現実に向けてわからなければならないという必然性が確立してくるのです。

さて、それではどのようにして自分自身の理解を深めることができるのでしょうか。本節では、以下の三つの方法について提起しておきますので、参考にしてみてください。

1) 過去の自分の成育歴を明らかにする

これまでも、発達段階はあくまで一般論であるということを念押ししました。ここには、個人差という視点は含まれていません。というのも、個人差とは一人ひとりが持って生まれた先天的な性格（Character）や家庭環境などの成育環境を尺度に入れることができないからです。さらに、一人ひとりが持つそれぞれの成育歴（Life History）によって、人間性（Personality）などの後天的な発達が異なることは言うまでもありません。

したがって、一般的な発達段階を理解した上で、自分自身がどのような個別性を持っているのかをとらえていく必要があるのです。特に、先天的な自分と成育歴に影響を受けた後天的な自分との相互作用によって自己は形成されていくということを理解しておく必要があるでしょう。

そこで、青年期から成人期への節目を迎えるみなさんには、自己形成に大きく影響を与えてきた成育歴について明らかにしておくことをおすすめします。これまでも、キャリアデザインに関する文献やセミナーなどで、この成育歴を明らかにするための様々な手法が開発されてきました。その代表的な一つとして、下図のような「ライフ・ライン・チャート」があります。このチャートでは、①出来事　②影響を受けた事・人・本など　③成功体験　④失敗体験　⑤ライフ・ラインという5つの枠組みが用意されています。それぞれの枠組みへ年代ごとに対応させた内容を書き込んでいけば、自分自身の成育歴を整理できる仕組みになっているのです。特に、⑤ライフ・ラインでは、それぞれの年代で自分がどのようなモチベーションだったのかを図示して、可視化することができます。もちろん、思い出したくないことなどもあると思いますので、実際にチャートに取り組む際には、精神的に負担がかからない程度で挑戦してみてください。

【ライフ・ライン・チャート】

項目	幼児	小学生	中学生	高校生
① 主な出来事				
② 影響を受けた事・人・本など				
③ 成功体験				
④ 失敗体験				
⑤ ライフ・ライン （＋／－）				

　ここで、このチャートによって成育歴の何が明らかになるのかをもう少し詳しく述べておくことにします。例えば、プロ野球の選手になった人は、このチャートへどのような内容を書き込むのでしょう。親や友人に勧められて始めた小学生のときのスポーツ少年団のことや中高生のときの部活動のこと、そこで素晴らしい指導者と巡り会え、叱られたことやほめられたこと、さらには憧れの野球選手やその自叙伝、野球中継や野球漫画も登場するかもしれません。このように、一人のプロ野球選手は一人で勝手にプロ野球の選手を目指したわけではないのです。自身の成育歴の中で、たくさんの他者やもの・ことと出会い、プロ野球選手としての自分を選択し、自己実現へと進んでいくわけです。つまり、職業選択一つとってみても、これまでの成育歴の中にある「他者、もの・こと、自分」が影響していることがうかがえます。

　そして、もう一つ特筆すべき点は、このチャートに敢えて書き起こすことの意味の大きさです。自分自身の過去を書き起こす作業には、一つに潜在化されている当時の出来事を敢えて浮かび上がらせる効果があります。つまり、普段は記憶の奥側へしまいこんでいることさえ思い出させるのです。「そういえば、こんなこともあった」「いま思えば、あのときのことは重要な出来事だった」などと意識化できるため、自分がこれまでに何によって影響を受けてきたのかをひも解くことができます。さらに、これら過去の膨大な出来事の中で、敢えてピックアップされた出来事を書き起こしたわけです。自分史という物語は、記憶のすべてが語られるわけではありません。自分がその出来事を自ら主観的に選び、それらをつなぐことで自分の物語はつくられます。だからこそ、どうして自分はこの出来事をピックアップしたのだろうか、という理由も考えることで、ますます過去の出来事を通して成育歴を明らかにでき、自分自身の理解を深められるはずです。

　実際にこの作業をしてみると、すぐに様々な出来事を思い出して書き起こせる人もいれば、中々思い出せず書き起こせない人もいます。一概にはいえませんが、過去に何から影響を受けて、いまの自分があるのかを普段から意識化できているかどうかの違いもあるでしょう。ここでは、自分自身の理解を深めるために、過去の意識化ができるようになることをお勧めしますし、そのための作業として、このチャート作成を紹介しました。

2) いまの自分の特性を明らかにする

　「特性」という言葉は、上述の先天的な性格に始まり、これまでに形成されてきた人間性なども含み込んでいます。より平易な言い方をするならば、「強み」や「弱み」となるでしょう。しかし、この強み・弱みは、自分自身や周囲の人たちのとらえ方によっては、両義的な関係性にあるので注意が必要です。

　例えば、積極的な強みは厚かましいという弱みに、消極的な弱みは思慮深いという強みに変換することができるわけです。別な見方をすると両極の意味合いになるという両義的な関係であるからこそ、自分にはどのような強み・弱みがあり、周囲の状況や関係性の中でどのようにとらえられるのか、理解を深めていくとよいでしょう。

　このような自分の特性を明らかにするために、以下の問について考えてみましょう。

問）以下の（1）～（5）についてそれぞれ答えてみましょう。

(1) あなたを「色」にたとえると何色ですか？

(2) あなたを「動物」にたとえると何ですか？

(3) あなたを「文房具」にたとえると何ですか？

(4) あなたを「ごはんのおかず」にたとえると何ですか？

(5) 結局、現時点でのあなたの強みと弱みは何ですか？
　　○強み

　　●弱み

（3）日常的に自分の省察をくり返す

　ここで、「省察」という言葉を使います。省察とはReflectionともいい、過去のふり返りを通じて、「あっ！こんなこともあるなぁ！」「こういう風にも考えられるなぁ！」などと次への一歩のために新しい気づきを見出すことです。単に過去の自分の失敗をあげて、自分を責めるのではなく、将来に向けて前向きな姿勢で省みることを意味しています。

　きっと、みなさんの中にはこの省察を経験された方もいらっしゃるのではないでしょうか？なぜなら、例えば友人を怒らせてしまった時、どうしてあの時怒らせてしまったのかをふり返り、次からはこういうことに気を付けようとか、謝罪して関係を修復させようとかを考えた経験が省察に当てはまるからです。

　この省察を日常的に自分自身へ行うことが、実は自己理解を深める上で大切になります。自分はなぜあのときに一つの選択をしたのか、あのときに自分は何を考え、何を重視したのかなどを日常に埋め込まれてしまいがちな一つひとつの言動から深くふり返るのです。

　ただし、自分自身の選択や言動を深くふり返る（省察する）ためには、まず自分がいまから何をやりたいのか、どうなりたいのかを事前に考えておくことを忘れてはいけません。行き当たりばったりの行動を後でふり返ってみたところで、そこには言い訳やこじつけしか生み出せないからです。いまからどうしたいのかを考え、それを実際の行動に移す、その後でどうしてこうなったのかを省察する…この繰り返しを日常的に行っていきましょう。

　以下の事例を参考にしてみてください。

【事例：A子さんの場合】

　私（A子）は、将来やりたい職業が特に決まっていたわけではありません。ただ、なんとなく人とかかわる仕事をしてみたいなぁ、と思っていました。

　だから、大学に入学したら接客系のアルバイトをしたいと思い、コンビニのアルバイトを始めました。

　実際に始めてみると、難しいことがいっぱいでした。単に接客のことをしていればいいと思っていたのですが、商品の並べ方一つとってもいろんなねらいがあることがわかりました。そして、接客についても、お客様から文句を言われて怖いと思ったこともありましたが、そのお客様が何を求めていたのかを考えて動こうと努力しました。あと、「ありがとうございました」とお客様に声をかけていたら、店長さんに「A子さん、『ありがとうございます』と声をかけて！」と指摘を受けました。店長さんは、その理由までは教えてくれなかったのですが、しばらく考えてようやく意味がわかり、目からウロコだったことをおぼえています。

　そんな中で私は、人とかかわる仕事の楽しさをますます強く感じるようになり、卒業後は、企業で営業職をやってみたいと思うようになりました。

　この事例は、A子さんが大学卒業前に入学時からの自分をふり返ったときの語りです。A子さんは、入学時にはっきりと自分が将来就きたい職業を決めていたわけではありませんでした。しかし、ぼんやりと「人とかかわる仕事」を思い浮かべ、そのための経験として接客業のアルバイトをやってみようとしたわけです。そして、コンビニエンスストアーのアルバイトを始めました。ここまでが、彼女のいまからどうしたいのかを考え、実行を開始した場面です。

　彼女はアルバイトを通して接客から商品の陳列まで様々な仕事を行いました。その中で、「人とかかわる仕事」は直接的に相手とやりとりするだけではないことに気づいたのです。また、実際の接客からもお客様目線に立つことやちょっとした言葉の違いにも気づけました。この気づきは、A子さんがただ頼まれた仕事をこなしたり注意されっぱなしになったりせず、しっかりとふり返り、自分がどうすればよかったのか、あの人は何を伝えたかったのかを省察できたからこそ見出せたのではないでしょうか。

　そして、このアルバイトでの日常的な省察によって、A子さんは人とかかわる仕事を楽しめている自分に気づくことができました。上述のライフ・ライン・チャートは長期的な過去をふり返り、自分の成育歴を意識化する作業としてお勧めしました。この日常的な省察は、今日起きたことなどの短期的な過去をふり返ることで自分の日常的な思考や言動を意識化する作業ともいえます。そして、この日常での意識化を繰り返す中で、いまの自分自身がはっきりと映し出されるとともに、これからの自分像まで浮かび上がってくるかもしれません。

（4）いまの自分の価値観を確かめる

　3つ目の方法として、自分自身の価値観を確かめることをお勧めします。自分自身がどういう人間なのか、という理解を深めようとするとき、忘れてはならないのが「自分は何を大切にして生きているのか」という価値観です。例えば、世の中はお金があればすべてうまくいく、という考え方もあるでしょう。一方、世の中はお金よりももっと大切なものがある、という考え方もあるでしょう。自分の生き方や社会そのものに対して、どこに価値を置くのかによって価値観は形成されていきます。

　しかし、この価値観を一般的な学生が明確にできるかどうかは難しいところです。というのも、本来価値の置き方は人それぞれ多様にあるため、「これが私の価値観だ」と断定的に言い切れないからです。そもそも、青年期後期の段階はまだ揺らぐ（揺らぐことで確立する）時期でもあり、断定的な価値観を持つほど経験を蓄積できていないでしょう。そして何より、価値観は成育歴の中で周囲からの影響を受けてきたように、学生になってからも周囲の影響を受け続け、価値観そのものが大きく変化する（できる）可能性を持っているのです。

　それでは、自分の価値観について何も考えなくてよいのか、といえばそうではありません。いま、自分は何を大切にして生きていきたいのか、という現在の価値観は確かめておく必要があります。先ほどの通り、現在の価値観は変わることが許されているため、価値観が変化することは問題ではありません。それよりも、いまの自分の価値観を認識できていないことが問題なのです。価値観が、将来の職業選択や人生設計に影響することは言うまでもありません。しかし、実は将来だけでなく、いま、ここでの生き方にまで影響しているのです。日常生活をわけのわからないまま過ごすのではなく、目的や見通し、それらに付随する計画を持って過ごすためにも、価値観は必要不可欠といえます。

　ちなみに、価値観にはどのような種類があるのでしょうか？以下の通りに価値観を整理してみましたので、どれか一つに限定するというよりも、現在はどの価値観を重視（優先）しているかを順位づけしてみることをお勧めします。

---

① 専門的な知識やスキルを身に付けて高まりたい

② 全体を管理・運営できる能力を身に付けて周囲をまとめていきたい

③ 社会の中で自立・独立していける自分になりたい

④ 生活に保障と安定を求めていきたい

⑤ 生活リズムを整え規則正しい生活を送りたい

⑥ 新しい何かをつくり出していきたい

⑦ 好奇心を持って何事にも挑戦していきたい

⑧ 周囲の人たちとの人間関係を円滑にしていきたい

⑨ 誰かのために奉仕して社会貢献をしていきたい

⑩ そのほか（①〜⑨以外の価値観が思い浮かんだ場合）

（5）「将来の自分像」という目標

「あなたの将来の夢は何ですか？」と尋ねられたとき、みなさんだったらどう答えますか？プロのスポーツ選手、大手企業の会社員、官公庁の公務員、学校の先生、ショップの店員、研究者…などなど、世の中のいろいろな仕事が思い浮かべられるかもしれません。しかし、これら一つひとつはたしかに夢と呼べるものではありますが、いずれも仕事（職業）に限定された夢になっているのです。ここでいう夢とは、一言でいえば「将来の自分像」になります。将来の自分像の一つに、将来何らかの仕事に就いている自分をイメージすることはもちろんですが、それだけだと狭い枠組みの中に将来の自分像を押し込めてしまう危険性もあるのです。特に、まだ将来やりたい仕事が見つからないという人からすれば、この狭い枠組みの中では夢がないということになってしまいます。

それでは、将来の自分像＝夢とはなんなのでしょうか？　例えば、家庭生活を築き穏やかな日々を過ごす自分も将来の自分像の一つです。このように、仕事だけでなく仕事以外の生活もまた将来の自分像に含み込んでおきたいものです。ちょうど、キャリアがジョブ・キャリアとライフ・キャリアの両方の側面から考えられるように、成人期以降の人生とは仕事と生活との総体でなければなりません。だからこそ、夢に向かっていくためのキャリアデザインにも両方のデザインが求められてくるのです。

さらに、この将来の自分像を広くとらえるならば、まさになりたい自分そのものであるといえます。つまり、たとえ辛いことがあっても誰かのために優しくできる自分であったり、様々な問題を乗り越えいつも堂々としていられる自分であったりと自分自身の人間性にまで踏み込んだところに自分像を置くべきなのです。言い換えれば、このような目指すべき人間性としての自分像があり、その自分像を実現するために仕事や生活における自分像があるわけです。これは、価値観にも通じる考え方です。一人ひとりの価値観は周囲の影響を受けながら形成され、その価値観に基づいて生き方や職業を選択するのと同様に、将来の自分像（人間性）に基づき仕事や生活のあり方を目指していければ理想的です。

しかし、このように演繹的な組み立て方で夢を形づくれない場合もあります。そのときには、もちろん仕事や生活などの表面化されたわかりやすい自分像から始めることも必要でしょう。また、価値観が周囲からの影響を受けて形成されるように、なりたい自分像をゼロから思い描こうとするのではなく、「あんな人になってみたい」などと思えるような憧れや理想の存在（モデル）となる他者と出会い、交流することもお勧めしておきます。

【図：将来の自分像とキャリアとの関係】

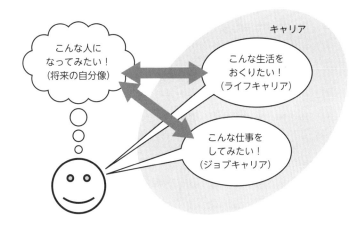

3. コミュニケーション力を身に付ける

(1) 人間にはコミュニケーションが必要！

　みなさんは、「生理的早産」という言葉を知っていますか？　これは、動物学者A・ポルトマンによってヒトが出生する特徴として論じられた学説です。

　この学説では、ヒトがほかの動物よりも約1年早く出生すると提起されています。というのも、ヒトがほかの動物と同じ身体レベルまで母胎の中で形成されたとすれば、頭が胎外から出られない大きさになってしまうからです。それだけ、ヒトの脳はほかの動物と比べて発達しているということを示されています。しかし、そのために自力で立つことも歩くこともできない身体レベルのままで出生してしまうわけです。ちなみに、このような生理的早産のために、乳児は身に注ぐ危機から逃げることもできず、ただ泣いて助けを求めることでしか対応できないというのも有名な話です。

　この学説からも、ヒトはほかの動物より単独で生き抜くのが困難であることがわかります。そのため、親をはじめとする周囲のヒトから守られることで生きていかざるを得ないアプリオリ（先天性）を持っているともいえるでしょう。つまり、ヒトは複数のヒトによってコミュニティ（community）をつくり、生きていくためにお互いを守り合うことが、ヒトが「人間」になるための基礎だといえます。そして、このお互いを守り合うコミュニティの上に、道具や言葉などを用いながら文明と社会をつくり出し、人間は自然界において現在のような位置に立つことができたわけです。

　ヒトの出生からもわかるように、ヒトは単独で生きていくことが困難なために、人間としての集団や社会を形成してきたことがわかりました。そして、人間が集団や社会の中で円滑な関係を築くために必要とされたのがコミュニケーションなのです。

(2) 意思共有のためのコミュニケーション

> 問）指示した通りに図を描いてみましょう

　さて、本題ですがコミュニケーションとは一体何でしょうか？　「コミュニケーション（communication）」の語源をたどると、「何かを共通のものにする」「共有する」「ひとつにする」という意味があります。コミュニケーションは、基本的に一人では成立し得ません。自己（あなた自身）と他者（周囲の人たち）との二者以上の関係、言い換えれば伝える側と受け取る側との双方向関係によって成立するのです。しかしながら、自己と他者とはそれぞれ異なった立場や思いに立っています。だからこそ「コミュニケーション」は、両者の双方向的なやりとりを通じて、伝える

側が伝えようとする意味を受け取る側と共有することになるのです。これによって、両者の間に意思の共有を生み出すことができます。つまり、コミュニケーションとは自己と他者の意思共有を生み出すことであり、生み出す過程であるといえるでしょう。

　それでは、自己と他者とがコミュニケーションをとるためには、どのようなコミュニケーションがあるのでしょうか？　一般的には、言語的コミュニケーション（バーバル）と非言語的コミュニケーション（ノンバーバル）の二つがあるといわれています。

　言語的コミュニケーションとは、話し言葉や書き言葉などの言語を用いて意思共有を図ることです。この場合、言語は記号（シンボル）として共有されていることになります。日本語で考えたとき、日中のあいさつは「こんにちは」です。これは、日本という国で、日中に他者と出会った時に「こんにちは」とあいさつを交わすという意味が共有されているからこそ成立するものです。もちろん、国が変われば、または母国語が変われば、「こんにちは」が通用しなくなってしまいます。このようにとらえると、共通した言語は、コミュニケーションをとる上で意味が共有された記号になるわけです。もちろん、単語だけでなく、文法なども同様にコミュニケーションをとる上でのルールとして考えられます。したがって、他者や状況・文脈に応じて、共有されている言語としての記号やルールを適切に選択することがコミュニケーションには求められることになるのです。また、逆に考えると、言語による記号や約束にズレが生じたり、選択を誤ってしまったりすれば、コミュニケーションをとることができず、意思共有を図れなくなってしまいます。なお、言語的コミュニケーションには、言語でやりとりする際のテンポなども含まれていますが、ここでは、記号としての言語に焦点を当てて述べておきました。

　もう一つの非言語的コミュニケーションとは、例えば笑顔などの表情や身ぶり手ぶりなどのジェスチュアが該当します。例えば、他者に対して笑顔を向けたり、涙を見せたりすることが、状況・文脈によって意味を持ちます。そして自己と他者との間に、それぞれの意味が共有されていれば、コミュニケーションも成立して意思共有を図れるわけです。また、言語と同様に、非言語の中でも相互に意味が共有されていなければコミュニケーションは成立し得ないでしょう。そして、状況・文脈の中で他者との間に意味のズレが生じてしまえば、コミュニケーションはとれなくなってしまいます。

　また、非言語的コミュニケーションの中には、認知的に意味を共有するコミュニケーションとは別に、感情・感覚（シグナル）の交流によるコミュニケーションもあります。例えば、先ほどの笑顔にしても、笑顔を意味として認識するだけでなく、楽しさやうれしさ、喜びなどの感情・感覚として共有することができるわけです。心理学者のA・メラビアンは、人がコミュニケーションをとっているとき、言語による発信が相手に伝わる割合は全体の7％程度であり、残りの93％は表情（55％）や声（38％）などの感情・感覚に基づいた発信であるとしています。コミュニケーション場面において、伝える側は感情表現を豊かにすることが求められ、受け取る側は相手の感情を読み取るということが求められるということです。この点でも、非言語的コミュニケーションの持つ意味は大きいといえるでしょう。

　このように、言語と非言語のいずれも記号や約束として意味が共有されており、状況・文脈に応じて適切な選択と活用をできることが、コミュニケーションをとるためのカギになるわけです。また、感情・感覚についても、表現と読み取りの中で豊かな交流を生み出すことが求められるとわかりました。これらを踏まえて、コミュニケーション場面のイメージを下図のように整理したので参照してください。

【図：コミュニケーション場面のイメージ】

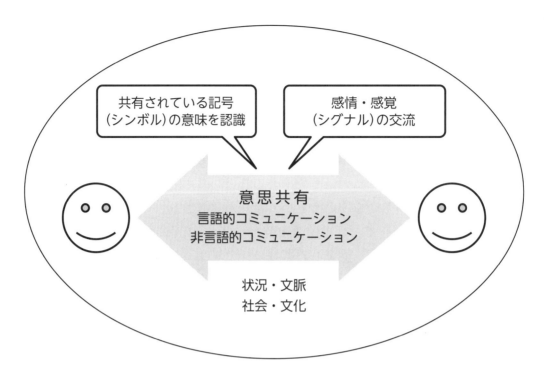

(3) コミュニケーションに影響を及ぼすものとコミュニケーション力

　上述の通り、コミュニケーションが成立するための言語と非言語の関係性について確かめました。その上で、もう一つみなさんに理解しておいてもらいたいことがあります。それが、コミュニケーションに影響を及ぼす五つの要素です。

　先ほどまでは、言語と非言語という観点からコミュニケーションをとらえてきました。そこから、言語や非言語によって、共有されている意味が認識されたり、感情・感覚が交流されていたりするのだと述べてきました。そこで、ここでは意味認識や感情・感覚交流がよりいっそう豊かに行われるためには、何に留意すればよいのかを知っておく必要があります。つまり、それが下のコミュニケーションに影響を及ぼすものになるわけです。影響を及ぼすということは、プラスの方向に作用する場合もあれば、マイナスの方向に作用する場合もあります。みなさんがコミュニケーションをとる際には、これらがマイナスの方向に作用しないように回避し、プラスの方向へ作用するように意識を働かせることが重要でしょう。それでは、以下の五つの要素を参照してください。

<コミュニケーションに影響を及ぼす五つの要素>
①環境
　物理的な距離（近さや遠さ）、閉じた空間と開かれた空間、ざわついた場所と静かな場所
　…など
②関係性
　立場や役割、心理的な距離感（親密⇔疎遠）　…など

③**知識**

　ボキャブラリー、マナー、風習、言語（外国語）　…など

④**方法**

　ジェスチュア、語調やテンポのコントロール、目線、会話の流し方　…など

⑤**感情**

　精神的なコンディション（テンション）　…など

　以上の五つの要素を理解し、コミュニケーション場面で活かしていきたいものです。

　ところで、近年では企業が新卒の学生に求める力として「コミュニケーション力」が上位に挙がるようになりました。2012年7月12日で報告された朝日新聞の調査によると、大卒者の就職率が過去最低だった2003年以降から、コミュニケーション力に関する朝日新聞の記事数は急増したそうです。朝日新聞では、この現象には日本経済団体連合会による提言や厚生労働省の就職基礎力、経済産業省の社会人基礎力などの後押しがあったと指摘しています。いずれにしても、社会に求められる人材にコミュニケーション力が求められるようになったことは間違いありません。逆説的に考えれば、それは社会的現実においてますますコミュニケーションが必要とされ始めたことを象徴しており、一方ではコミュニケーション力の欠乏に対する懸念ともとらえることができます。

　ところが、改めて立ち止まったときに、コミュニケーション力という概念が丁寧に検討されていない現状もあります。とりわけ「力」のように能力的な指標が必要な概念と、外的要因に作用されるために指標化が困難なコミュニケーションとを結合した言葉（概念）なのです。たしかにインパクトはあるのですが、本質的にはわかりにくいという事態を招いているのです。

　しかしながら、本書では敢えてコミュニケーション力を定義づけ、コミュニケーション力を高めるために必要なことは何か、というところを迫っていきたいと思います。

　そこでまず、先ほどのコミュニケーションに影響を与える五つの要素について、下図のように整理したので参照してください。

【図：コミュニケーションに影響を与える五つの要素】

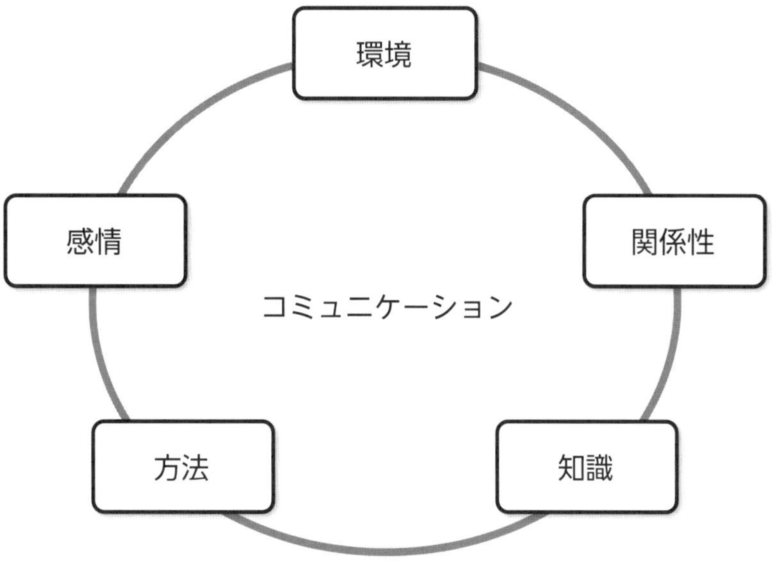

前節でも述べましたが、上図の五つの要素をプラスの方向へ作用させるのかマイナスの方向へ作用させるのかが、コミュニケーションをとる上で重要なのです。言い換えれば、みなさんはコミュニケーション場面における様々な他者や状況・文脈に応じて、五つの要素を適切に調整（選択や活用を含む）できることが求められます。つまり、豊かにコミュニケーションをとるためには、コミュニケーションに影響を与える五つの要素を他者や状況・文脈に応じて適切に調整できる力が求められるのです。

　例えば、いま、ここで、この人とコミュニケーションをとる際に、静かな場所がよいだろう（環境）、なぜならこの人は私に大事な話をしてくれる高齢の人だから（関係性）、私も丁寧な言葉をつかって失礼のないようにしなければならないし（知識）、どちらかといえばはっきりとした口調で話さなければならない（方法）。そして、もちろん気持ちを落ち着かせて、あんまり緊張もしないように気を付けたいものだ（感情）。という具合に考えられることが望ましいでしょう。

（4）　コミュニケーションに必要な意識を働かせる

　コミュニケーションに影響を与える5つの要素を状況に応じて使いこなすために必要な力は、何と言っても意識（思考・判断）です。とりわけコミュニケーション力となると話し方や聞き方、身振り手振りなどのパフォーマンスが求められがちですが、実はこれらのパフォーマンスは意識（思考・判断）によって表されているのです。

　コミュニケーションは自分と他者との意思共有が前提であるため、相手が何を伝えようとしているのかを想像的に考えて受け取る、相手にわかりやすく伝えるための適切な方法を考え、判断する…。他者との意思共有は偶発的に生じるよりも、むしろ意識的に生じることの方が多いといえるでしょう。

　だからこそ、様々なコミュニケーション場面において自分自身の中に働く「意識」を意識しながら、その意識をコントロールできるようになれば、パフォーマンスにも直結してコミュニケーション力を発揮させることができます。ここでは、このようなきっかけとなる以下のコミュニケーションゲームを試しに行ってみましょう。

【ワンワードゲーム／4〜7人のグループワーク】

制限時間内に1単語（文節）だけを順番に出し合って、一つの物語を作ってみましょう！

　このゲームはよくコミュニケーションゲームとして使われているものです。予めグループ内で一つの物語を共有して、その物語を1単語（文節）ずつ順番に出し合いながら完成させます。

　例えば、5人グループで『桃太郎』をやってみると、①むかし→②ある村に→③おじいさんと→④おばあさんが→⑤いました→①おじいさんは→②山へ→③柴刈に→④おばあさんは→⑤川へ→①洗濯に…という流れになります。5番目の人まで進めば、また1番目に戻って、順番に1単語（1文節）を出し合っていくわけです。

　さらにこのゲームを行うときには、制限時間を設けます。例えば7分間を制限時間として、7分00秒を「めでたしタイム」として物語を完成させて、みんなで「めでたしめでたし」と斉唱すると場の雰囲気も楽しくできます。

　そして、このゲームの醍醐味は「めでたしタイム」までは物語の間を自由に変えられるところです。例えば、物語が早く進みすぎてしまったと思われる場合、桃太郎一行は鬼が島に行く前に竜宮城に立ち寄ることもできます。しかし、「竜宮城に」と言っても、次の順番の人がその意図を読み取ってくれなければ意味がありません。まさに、意識的に自分と他者の意思を共有しながら進めていくコミュニケーションゲームといえます。

※中山芳一『コミュニケーション実践入門—コミュニケーション力に磨きをかける』2015年、かもがわ出版（一部改編）

(5) アサーションというコミュニケーション力

　先ほどの五つの要素をプラスの方向へ意識的に作用させられる力をコミュニケーション力として発揮してもらいたいのですが、その中でも相手の感情をマイナスに作用させないことはとりわけ重要なことです。感情がマイナスに作用してしまえば、同じことを伝えても正反対の意味に受け取られかねません。その点では、感情という要素がコミュニケーションの大きな落とし穴になるわけです。

　一言で言えば、相手を不快な思いにさせないようにコミュニケーションをとることです。これは、アサーション（assertion）ともいわれ、相手に配慮しながら自己主張をすることです。ちなみに、そのための技術をアサーション・スキルといいます。アサーションもコミュニケーション力には欠かせません。そして、私たちがアサーティブにコミュニケーションをとるためには、意識的に考えることが求められるのです。様々なコミュニケーション場面で、相手にどのように伝えれば、相手を不快にさせることなく伝えられるのかを考えられる力もコミュニケーション力といえるでしょう。そこで、このような考える力を身に付けるためにも、以下の問について考えてみましょう。

問①）あなたは、友人から「カラオケに行こう！」と誘われました。しかし、あなたは、カラオケに行く気分ではなかったため、その誘いをアサーティブに断ってみましょう。

問②）あなたは、友人に約束をすっぽかされてしまったことに一言物申したいと思っています。アサーティブに物申してみましょう。

4. 岡山大学を知る

(1) 岡山大学を知るためには？

　みなさんが、いま所属する岡山大学（以下、大学とします）はどんなところですか？

　この問いに対して、みなさんならどのように答えますか。ときとして、人の評価に出身大学なんて関係ない、といわれる場合があります。もちろん、それぞれの国の文化や仕組みによっても異なりますが、実際に現在の日本の社会では、出身大学が個人の評価に影響を及ぼすことは大きいでしょう。たとえ本人が「私の評価に出身大学なんて関係ない！私自身を見つめてほしい！」と声高に叫んだとしても、評価をするのはあくまでも周囲の他者です。そのため、他者が持つ情報やイメージに基づく評価を受入れざるを得ません。つまり、個人と出身大学の評価は切り離すことのできない関係になってしまうのです。

　それでは、岡山大学はどのように評価されていますか？　上述の二つ目の問いに近づいてきました。ここで確かめておきたい点は、評価は決して大学受験時代の偏差値を指しているわけではないということです。偏差値の高い大学が、そのまま高い評価を得られるわけではありません。もちろん、偏差値が高い大学に入学するまでのプロセスは、間違いなく個人の評価にも関連付けられることでしょう。しかし、社会での評価はもっと多様であり、偏差値や学力という枠組みだけでは収まりきらないわけです。だからこそ、大学でスポーツを活発にすることで、「このスポーツ（競技）なら○○大学！」という評価を得ることもできます。ほかにも、実習先で「△△大学の学生たちは礼儀正しく、一生懸命やってくれる！」という評価を得ることもあるでしょう。学生たちが世間の目に触れたとき、世間は「学生⇔大学」として評価する傾向にあるのです。

　このように、多様な評価の中で、みなさんが所属する大学はどのように評価されているのかを考えてみましょう。その評価は、個人の評価につながるということも認識しておきながら…。

(2) 大学というブランド

　みなさんは、ブランドというと何を思い浮かべますか？　カバンや時計、化粧品や靴などにはたくさんのブランドがあります。そして、○○○○（ブランド名）の時計は、高級品で秒針が滑らかに動くとか、□□□□の靴は一つひとつが手作りで丈夫だとか、このように一つひとつの商品とその商品を製造するブランドとを関連付けてしまいがちです。ちょうど、先ほどの個人は個人そのものではなく、個人が所属する大学の評価とも関連付けられるという件と似ています。

　そもそも、人は単一のものを認識するとき、目の前のものだけを見るのではなく、そのものに付随する情報などを見ようとする傾向があります。下図のようなイメージです。

【図：人が何かを認識するときの傾向】

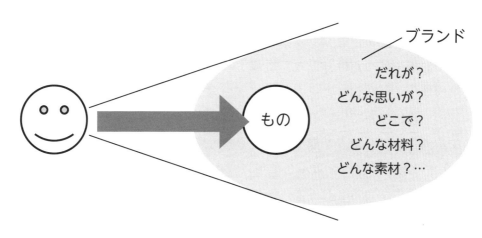

ブランド

だれが？
どんな思いが？
どこで？
どんな材料？
どんな素材？…

もの

　図のように、一見矢印だけのように「もの」を認識しているように見えますが、実はその「もの」がすでに持っている情報も含み込んで、総体的に認識しようという意識が働くのです。この情報とは、だれが作ったのか、どんな思いで作ったのか、どこで作られたのか…などによって構成されているといえます。そして、これらの情報も含めた総体として象徴的に認識されるのがブランドです。

　ところで、ブランドとは一人だけが認識するだけでは、まだブランドとして確立しません。複数のブランド認識が集まって、より多くの人が「○○（もの）といえば△△（ブランド）だ！」となることで、ブランドは確かなものになっていくのです。

　ここで、このブランドに対する考え方を大学に置き換えてみましょう。上述の通り、みなさん一人ひとりは個人として認識される中で、主たる情報として所属している大学を見られるでしょう。この所属こそが、個人を認識するためのとてもわかりやすい指標、つまりはブランドへと移行するわけです。大学とは、まさにみなさんにとってのブランドといっても過言ではないでしょう。

（3）大学のブランドを知り、ブランドをつくる

　先ほどのように、大学をブランドといってしまえば、「偏差値の低い大学はどうすれば？」などの疑問が飛び交いそうです。ここでいうブランドとは、あくまでも偏差値はブランドを形成する一つにしかとらえていません。繰り返しになりますが、多様に評価していくことが重要なのです。偏差値が低ければ大学としてのブランドがなくなるのではなく、偏差値以外に評価が得られることを見出し、それらをブランドとして築き上げていけばよいのです。ここまでブランドについて話を展開してきたのは、大学のブランドは放っておいて勝手につくられるものではありません。また、教職員だけがつくるものでもありません。みなさんのような学生一人ひとりにつくっていってもらいたいと強調したかったからです。

　しかし、そのためにはいま、みなさんが所属する大学にどのようなブランドがあるのかを知っておく必要があります。平易にいえば、周囲からどのような評価をされているのか、どのような強みを持っているのかということです。そして、その周囲に根づいている大学の評価（ブランド）

は、みなさん自身のブランドへつながります。

　特に、ブランドには双方向性があり、「時計といえば○○（ブランド名）」であると同時に「○○といえば時計」という関係性をつくり出すことでブランドは確立していきます。しかし、この双方向性は周囲の評価を待つだけでなく、所属する人たちから発信することも求められます。したがって、大学のブランドを知り、そのブランドを発信するのです。そうすることで、みなさん自身がブランドの一員になっていけるはずです。

　また、所属する大学のブランドを知る上で、その大学の理念や精神を知っていくことも大切です。例えば、「うちの大学は自由を重んじて何にでも挑戦できるところだ！」と自身の大学の精神を誇らしげに語る学生がいるとします。その様子一つだけでも、この学生は所属する大学のブランドを理解しており、自分自身もそのブランドの一員になっていることが伝わってきます。それでは、みなさんの所属する大学の理念や精神はなんでしょうか？とても表面化しにくく抽象的な内容ではありますが、大学の理念や精神にまで目を向けることで、大学のブランドをさらに深く知ることができるでしょう。そして、もしみなさんが所属する大学に、「これだ！」という理念や精神がなかったとすれば、みなさんの手でつくり出し、新しい歴史を築いていってほしいものです。

　ブランドとは、個人を包括して象徴的に認識されるものです。だから、学生にとっては所属している大学こそがブランドを意味するものになります。そして、確かなブランドには双方向性があるとともに、突き詰めれば理念や精神にまで及ぶものだと述べました。そのため、みなさんは自分自身もブランドの一員として発信したり、理念や精神を継承するだけでなくときには自分たちでつくり上げたりすることが大切です。さらに、ブランドを信頼へ変えていくための歴史の積み重ねが必要になります。例えば、スポーツ競技でも1年の優勝だけで終わるのではなく、何度も優勝経験を重ねることで、「強豪校ブランド」として認識されるわけです。つまり、大学のブランドは、学生のみなさんの手でつくられ、次の世代へと引き継がれる中で築き上げられていくものです。同時に、みなさんは卒業生になっても、社会の中で大学のブランドを発信し、築き上げていくことができるでしょう。

　このように、大学のブランドは、歴史と現在、そして未来を通して築き上げられていきます。みなさんが大学に所属し、大学生活を過ごす以上はこのことを念頭に置いておきましょう。みなさんが、その大学に所属した事実を変えることはできないのです。だからこそ、そのブランドをなかったことにするのではなく、ブランドを築き上げる一員になっていきましょう。そのためにも、まずはみなさんの所属する大学のことを知っておく必要があるのです。

（4）大学を知るための観点

　早速ですが、みなさんがA大学に進学したとします。A大学が、苦しい受験勉強の末にやっと合格した第一志望であれば、「憧れのA大に合格できた！」と思えるでしょう。逆に、第一志望のB大学に合格できなかったため、すべり止めだったA大学への進学とすれば、「仕方ないけどA大しか行くとこないし…」と思うかもしれません。同じA大学でも大きく認識が異なるところです。特に、受験勉強というプロセスを経たのであれば、第一志望合格であれば勝ち組、第二志望

以下であれば負け組、という認識さえ持ち兼ねません。そのため、第二志望以下の大学には進学せずに浪人するという選択肢もありますし、一度進学して仮面浪人を続け、第一志望の大学を目指すという選択肢もあります。もちろん、これらの選択も否定はしませんが、これまでのプロセスにこだわりすぎないという選択肢もあるのです。つまり、最初から「こんな大学なんか…」と思うのではなく、偏差値や知名度では第一志望の大学の方が上だったかもしれないけど、この大学もまんざらではないと思えることもできるのではないでしょうか。このように後者の場合は、進学時のスタート時点で、すでに勝ち組・負け組などと決めつけるのではなく、「B大学にない良さがA大学にはある！」という認識で進学することをお勧めします。

　これまでの大学受験というプロセスにとらわれてしまい、自身の所属する大学を否定するのではなく、肯定的な認識によって大学理解を進めていきたいものです。

（5）大学を理解するための五つの観点

　さて、先ほど肯定的な認識で大学を理解すると述べましたが、どのように認識と理解を進めていけばよいのでしょうか？　一括りに大学といっても、一度にとらえることのできない複雑さがあります。そこで、複雑なものは分けて考えていきましょう。つまり、大学を理解するための観点を用意し、それぞれの観点ごとに大学を整理していけばよいのです。

　これは、上述の大学のブランドに通じる考え方です。ブランドの件でも、大学の価値は多様にあることを強調したように、各観点における価値を見出すことが求められます。それでは、大学を理解するための五つの観点について下図の通り提起しておきましょう。

【図：大学を理解するための五つの観点】

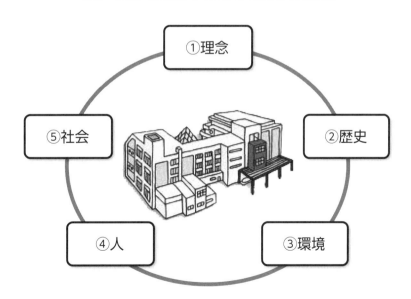

　図のように、五つの観点として①理念、②歴史、③環境、④人、⑤社会　を挙げてみました。みなさんは、これらの観点それぞれについて所属している大学のことを知っていますか？　これから各観点の説明を加えておきますので、みなさん自身が所属する大学はどうかを考えてみてください。

①理念

　これは第1節の後半にも述べました。多くの場合、それぞれの大学が設立したときに掲げられるものです。特に、「建学の精神」として理念を掲げている大学は少なくありません。この建学の精神は、当時の創設者が大学設立に向けた思いなどを反映しています。そして、この精神を受け継いできた先輩たちがいることやみなさん自身がこの精神を伝えていくことの大切さは、前節で述べたとおりです。

　また、大学の基本理念を理解しておくということは、二つ目以降の観点で大学を理解するためにも重要です。現時点で知らない人は、ぜひ調べるところから始めてみましょう。

②歴史

　先ほど、多くの大学の理念は創設時に掲げられると述べました。それでは、みなさんの大学はいつ設立されたのかご存知ですか？　大学が設立して現在に到るまでの年数の中で、歴史は積み重ねられてきました。もちろんのことながら、年数が長ければ歴史はよりいっそう積み重ねられていくでしょう。

　しかし、歴史は単に年数だけを問題にしているわけではありません。量的な年数にかかわらず、質的な面にも目を向けてみましょう。例えば、理念にも関わりますが、どのような思いで大学が創られ、どのような思いで大学が守られてきたのかを知ることも必要です。また、これまでの流れの中で、重要な節目となる時代ごとに大学はどうだったのかを知ることも必要です。ほかにも、大学によっては既存の学校がいくつか組み合わさった大学もあります。そのルーツを探ってみることも歴史の理解につながるでしょう。

③環境

　これまでの二つの観点では、主に過去のことをひも解く作業が多かったかもしれません。三つ目の観点として、現在の大学がどのような環境にあるのか理解することをおすすめします。まずは、キャンパス全体の立地条件でしょうか。次に、講義室など日常的に学習する際の施設・設備や研究を進める上での研究施設・設備なども環境に入ります。さらに、クラブ活動などの正課外活動の施設・設備をはじめ学生のみなさんの取り組みを支えるための施設・設備も環境です。このように、みなさんの大学には様々な施設・設備があります。

　みなさんは、大学がどのような立地条件なのか、どのような施設・設備を持っているのかを知っていますか？　そして、みなさんの大学にある環境的な利点を挙げることができますか？　大学がどのような環境にあるのかを知っておけば、大学の特徴を理解できるだけでなく、大学を有効に活用することもできるでしょう。

④人

　大学は規模の違いはあったにしても、たくさんの人たちがかかわっています。現在、大学に通う学生はもちろんのことですが、卒業生や教職員など、立場の違いはあったにしてもかかわっている人がたくさんいることは間違いないでしょう。大学にとって一番の財産は「人」です。というのも、前節のブランドにもあったように、大学のブランドをつくることができる最大の存在は「人」だからです。つまり、学生や卒業生や教職員といえます。

　例えば、メディアに取り上げられるような著名なAさんが○○大学の卒業生（または現役大学生）だとします。そうであれば、やはり「○○大学といえばAさん」となるわけです。Aさんが

○○大学の一つのブランドをつくることになりますし、○○大学に関係するほかの人たちもAさんのブランドづくりから恩恵を受けることができます。

また、これは個人だけに限られるものではありません。クラブ活動のスポーツチームのように、大学に所属する一つのチームがブランドをつくる場合もあるでしょう。そして、実習先やインターンシップ先などの評価は、学生や卒業生、教職員全体で得られることになります。

さて、それではみなさんの大学にはどんな人がいるか知っていますか？　多くの人が知っている著名人はいますか？　また、一つの分野で突出した人はいますか？　いや、たとえそういう人たちがいなくとも、「○○大学といえば…」という人たちがいますか？　このような人たちを知っておくことは、みなさんの大学理解をすすめるだけでなく、大学に対する誇りにもつながるのではないでしょうか。

⑤社会

五つ目の観点にあるのが「社会」です。つまり、みなさんの大学がどのように社会と接点を持っているのかです。これは、単にすばらしい施設が大学にあるとか、優れた研究者が大学にいるとかではなく、この施設や人（たち）が社会に対してどのようにつながり、社会へ貢献できているかという評価から始まるでしょう。

例えば、大学が有する施設や設備については、地域の人たちに愛着を持たれていたり、観光スポットになっていたりと学外の方たちに活用してもらえているかどうかを見ると、わかりやすい評価になります。それでは、人についてはどうでしょうか？　これは、教職員が取り組んでいる社会貢献もそうですが、学生のみなさんがどのような社会貢献をしているかも含まれます。みなさんは、学内にいる誰かの社会貢献活動を知るだけでなく、自分自身が取り組む社会貢献活動も紹介できるようになればよいと思います。

また、社会貢献といっても、都道府県や全国を視野に入れたもの、国境を越えた国際的なものがあります。一方、大学のすぐそばにある近隣の地域や市町村に向けたものもあります。重要な点は、規模が大きいものだけが社会貢献なのではなく、目の前にある地域の困りごとを学生のみなさんたちが一緒になって考え、行動することも社会貢献なのです。大学は何ができるのか、みなさん一人ひとりは何ができるのかを見つめ、社会から求められていることを解決すべく取り組む（＝社会貢献する）ことは何か、そして、いま取り組んでいることは何かを調べてみましょう。

以上の五つの観点に基づいて岡山大学の理解をすすめてみましょう。そして、次ページの表も参考にしながら、実際に調べたことをまとめて、プレゼンテーションをしてみましょう。

【岡山大学についてのプレゼンテーションルール】

①時間は、4分30秒～5分00秒で行うこと！

②パワーポイントなどのプレゼンテーションソフトを活用すること！

③調べたいテーマを明確にしておくこと！

④グループ内の全員が役割を持っておくこと！

⑤プレゼンテーションでは、話し方など相手側に伝わるように工夫すること！

【表：五つの観点から調べた岡山大学】

観点	岡山大学に関して知っていること
理念	
歴史	
環境	
人	
社会	
観点	岡山大学に関して知っていること

（6）大学を理解し、大学を誇りに！

　先ほどのような5つの観点で大学について調べたり考えたりする中で、大学の理解をよりいっそう深められるでしょう。また、それだけでなく大学に対してみなさん自身が愛着を持つことができ、所属する大学に誇りを持つこともできるでしょう。

　みなさんが、みなさんの大学に籍を置いていることやみなさんの大学を卒業したことは変えようのない事実です。繰り返しになりますが、周囲の他者は、個人を評価するときにその人の所属している大学なども含めて評価してしまいがちです。そのとき、その大学が有名であるかどうかにかかわらず、みなさん自身がその大学に誇りを持てているかどうかは、周囲の他者に大きな影響を与えることでしょう。自身の所属する団体や組織を悪くとらえている人は、社会においても信用に欠ける人です。いまから、所属する大学のことをよく理解しておき、大学に誇りを持てるようになっておきましょう。そして、在籍中も卒業後も、その大学をより良くしていこうとか、盛り上げていこうという思いを持てることは、きっと大学にとってもみなさんにとっても、WIN&WINをつくり出すことでしょう。

　最後になりましたが、大学を単なる人生の通過点とするのか、自分自身の成長の拠点にするのかは、みなさんのとらえ方次第ともいえます。そして、そのとらえ方は「知る」ことによって変えていけるのです。みなさんが、岡山大学のアイデンティティを受け取り、岡山大学を誇りに思えるようになることを願って、下に『岡山大学学生歌』を紹介しておきます。

『岡山大学　学生歌』

一．われらはあつまり　　半田山の山すそに
　　こがらしがすさぶ中を　われらの学舎（まなびや）を守ろう
　　おお岡大　　われらのもの

二．われらはあつまり　　ひろい校庭（にわ）の一面に
　　もえたつ若木のように　　われらの未来を語ろう
　　おお岡大　　われらのもの

三．われらはあつまり　　われらのうたをうたおう
　　自由と平和のために　　まなびゆくわれらのうたを
　　おお岡大　　われらのもの

黒正　巌先生の像

＜資料：旧制高等学校に関する予備知識＞

1．旧制高等学校とは？

　高等学校令（第一次1894年と第二次1918年）に基づいて設置され、1950年（岡山大学設立の1年後）まであった日本の高等教育機関であり、主な役割としては現在の大学における教養課程を担っていた。なお、現在の高等学校は、当時の中等教育機関（旧制中等教育学校）であった。

　旧制高等学校は、我が国の教育機関として下表（太字部分）の通り位置づけられていた。

年次	戦前における一般的な官立教育機関の構成 （高等学校を中心に）		戦後の学制 （現在）
↑	帝国大学3年制（医学部は4年制）		大学4年制 （医学部は6年制）
	7年制高校	**高等学校（2〜3年）**	高校（3年）
		中等学校（4〜5年） ※1：高等学校には4年修入学可 ※2：5年修後に専門学校へ入学する場合もあり	中学校（3年）
	小学校（6年） ※1：中等教育機関には5年修入学可 ※2：ほかにも高等小学校→師範学校、実業学校へ入学する場合もあり		小学校（6年）

2．第六高等学校の位置づけ

　旧制高等学校は、全国に39校あったが、明治時代から創設された第一高から第八高までは、政官界に卒業生を早く送り込んでいたこともあり、後発の学校よりも優位な位置づけとして差別化するために「ナンバースクール」と呼ばれた。一方、ナンバースクール以外の高等学校は自治体名で呼ばれたため「ネームスクール」といわれた。

　ナンバースクールは下表の8校であり、後の各新制大学へと移行していった。

旧制高校	開設年	所在地	新制大学名
第一高	1886（明治19）年	東京都	東京大学
第二高	1887（明治20）年	宮城県	東北大学
第三高	1886（明治19）年	京都府	京都大学 ※1919年に医学部は岡山医学専門学校として独立した経緯あり
第四高	1887（明治20）年	石川県	金沢大学
第五高	1887（明治20）年	熊本県	熊本大学
第六高	**1900（明治33）年**	**岡山県**	**岡山大学**
第七高	1901（明治34）年	鹿児島県	鹿児島大学
第八高	1908（明治41）年	愛知県	名古屋大学

3．ナンバースクールから帝国大学へ

　帝国大学（下表）とは、我が国の最上位の国立高等教育機関及び研究機関として設置された。特に、明治、大正時代では、外国語（英語・ドイツ語・フランス語）で専門高等教育を行うのが旧制大学であり、その準備期間として旧制高等学校や大学予科で外国語教育を受けていた。そのため、旧制高等学校と帝国大学は密接不可分な関係にあり、旧制高等学校の卒業生たちは大学や学部さえ問わなければ、いずれかの帝国大学へ入学することが可能だった。このようなエスカレーター式の構造であったため、旧制高等学校は入学困難であり、当時の帝国大学卒業生たちは、出身帝国大学よりも出身高等学校の方にアイデンティティを有していた。

　その中でも、ナンバースクールの8校は全国でも最上位の学生たちを輩出していたことになり、そのアイデンティティの高さも容易に想像できる。

No.	大学名	設立年	新制大学名
1	帝国大学（東京帝国大学）	1886（明治19）年	東京大学
2	京都帝国大学	1897（明治30）年	京都大学
3	東北帝国大学	1907（明治40）年	東北大学
4	九州帝国大学	1911（明治44）年	九州大学
5	北海道帝国大学	1918（大正7）年	北海道大学
6	京城帝国大学	1924（大正13）年	ソウル大学校
7	台北帝国大学	1928（昭和3）年	台湾大学
8	大阪帝国大学	1931（昭和6）年	大阪大学
9	名古屋帝国大学	1939（昭和14）年	名古屋大学

　旧外地にあった京城・台北の両帝国大学を含むと9つの帝国大学となるが、国内だけで限定すると7帝国大学となる。

　また、上の帝国大学郡以外にも、旧官立大学郡（旧帝国大学を除いて戦前から官立として存在していた大学）として総称されている11の大学は下表の通りであり、第三高等学校から1919年に独立した岡山医学専門学校が1922年に岡山医科大学として旧官立大学郡に位置付けられている。

系統	大学名	設立年	新制大学名	大学郡別名称
教育	東京文理科大学	1929年	筑波大学	―
	広島文理科大学	1929年	広島大学	
商業	東京商科大学	1920年	一橋大学	旧三商大
	神戸商科大学	1929年	神戸大学	
工業技術	東京工業大学	1929年	東京工業大学	旧三工大
医学	新潟医科大学	1922年	新潟大学	旧六医科大
	岡山医科大学	**1922年**	**岡山大学**	
	千葉医科大学	1923年	千葉大学	
	金沢医科大学	1923年	金沢大学	
	長崎医科大学	1923年	長崎大学	
	熊本医科大学	1929年	熊本大学	

5. 仕事・社会と向き合う

（1）柔軟な思考と前向きな行動が創り出す未来

　年功序列・終身雇用制度が崩壊し、人材の流動化が進む現代社会では、「キャリアデザイン」という言葉がすっかりと定着してきました。そこでは、会社などの組織任せではなく「自己責任」をベースとした将来像を持つことが求められてきています。22歳までの決断が、そのまま努力さえすれば一生続くのではなく、新たな一歩を踏み出すたびに何度も進路選択を迫られる場面に遭遇します。ましてやこれだけ変化の激しい現代社会では、自分の思い通りの将来図を描いたとしても、さまざまな環境がその現実を困難にする場面が多いのです。こうした予測できない将来を切り拓いていく力を育むための考え方として、ここではアメリカのジョン・D・クルンボルツによる「計画された偶発理論」をベースに説明します。

　この理論は、環境の変化は予測がつかないことが多いので、計画に基づいてキャリアを築いていくことは大変難しいでしょう。それならば、予期しない偶発的な出来事が起こったときに、それを新たな可能性の拡がりととらえて上手に活用・対応できる力が必要だという考え方です。その結果、偶発的に起きた出来事であっても、計画的に起きたように転換することができるわけです。そして、みなさんが今後よりよいキャリアを築く上で、「偶然の出来事」を「計画された偶然」に転換するために必要なスキルとして、クルンボルツは以下の五つを提起していますので参考にしてみてください。

　　1）好奇心：新しい学びの機会を模索する
　　2）持続性：失敗に負けずに努力する
　　3）柔軟性：今の形にこだわらない
　　4）楽観性：新たなチャンスは必ずやってくる
　　5）冒険心：まずはやってみる

（2）自ら描く学生時代の実践が自らを変える

　社会が変化するのと同様に、あなた自身も日々変化や成長をしていきます。自分にとって望ましいキャリアは一人ひとり異なります。そのため、誰かの真似をするだけだったり、誰かのアドバイスに従うだけになったりでは、真に自分らしいキャリアは見つかりません。確かに、何となく単位を集めていくだけでも卒業はできるかもしれません。しかし、あとになって「学生時代にもっとこうしておけば…」とふり返っても、過ぎ去った時間を戻すことはできないのです。大学卒業者を採用する企業や官公庁の多くは、「学士」としての知識や能力は採用の前提として位置づけますが、さらにその上で実際にそれらを生かして活躍できそうな人材かどうかを見極め、採用するのです。つまり、自分自身で思いのままにデザインできる学生時代という時間をどのように使える人間なのかということが、みなさんの社会人としての可能性を評価する最も重要な観点となります。自分の専門性を極めるために大学での学修に加え、資格取得に励む人、正課外活動を通じて人間力や社会性を身に付ける人、あるいは様々な価値観にふれ国際性を豊かにするために留学を実現させる人と実に様々な可能性が学生時代には詰まっています。まずは、この多様な

選択肢から実践するための最初の計画を立て始めてみましょう。そして一つずつ行動に移していきましょう。

　大学生活は、ほんの数年間で終わってしまいます。社会人としての生活は、人生の終わりを迎えるまで一生続きます。社会に出てから初めて学べること、わかることが多いのは事実です。しかし、仮に同じ進路を選択したとしても、しっかりと考え準備した上で選択した場合とそうでない場合とでは、納得感や充実感はまったく異なります。大学生活を有意義で充実したものにするために、そして自分らしいキャリアを築いていくために、いまからしっかりと社会のことを学び、将来のことを考え、そのために必要な能力や資質を身につけて行きましょう。

(3) どのくらい職業を知っている？

　職業といえば、家族や知人が就いている職業、買い物などの普段の生活で接する接客業、普段の生活で使う製品の製造や販売をイメージすることが多いのではないでしょうか？

　職業調べや職業体験をしたことがある人、アルバイトなどで実際に働いている人もいるでしょう。しかし、みなさんが知っている職業はごく一部です。

　また、将来は会社員か公務員になりたいと思っている人は少なくないと思いますが、どのくらいの企業や自治体、官公庁を知っていますか？　具体的な仕事内容はどのようなものでしょうか？　みなさんが知っている組織や仕事の内容はごく一部でしょう。

　近い将来、進路選択の場面が来るまでに、それらを調べてあなたのやりたいことがどこにあるのか、あなたが最も活躍できそうな場所はどこにあるのかを探しておくことが必要です。

　職業という言葉は、仕事の内容「職」と分野「業」とを組み合わせた言葉です。まずは「業」と「職」に分けて、どのようなものがあるのか考えていきましょう。

(4) まずは調べてみよう！

　産業は「日本標準産業分類」として農業、林業、漁業、鉱業、工業、サービス業などに分類されています。文献やインターネットで確認してみてください。小分類や細目まで入れると膨大な数となり、すべてを把握することは困難ですので、まずは何に興味があり、かかわっていきたいかを考えてみてください。

　「自動車」に興味があれば、関連する産業にどのようなものがあるか調べてみましょう。自動車産業はもちろん、その素材となる鉄鋼や化学製品、電子機器などにも広がっていきます。航空機、鉄道などの別の乗り物や運輸にかかわる仕事なども近いのかもしれません。

　「食」にも農林漁業、食品工業、卸売業、小売業など、数多くの「業」が関連します。新しい素材や製品の研究・開発をしたいのであれば、農業や漁業に関連する職業、食品工業などが中心となり、顧客に届けることに興味があれば、店舗を含めた卸売業や小売業が中心となります。

　製品・サービスそのものでなく、「環境」などのキーワードを考えてみるのもよいでしょう。二酸化炭素にかかわりが深そうな石油産業や化学産業はもちろん、近年では多くの企業や自治体、官公庁が環境問題への取り組みを推し進めています。

あまり普段の生活ではなじみのなさそうな部分にも仕事はたくさんあります。製造業が強い日本では、生産用の機器、部品や素材などにも世界的な企業がたくさんあります。また、商社やシンクタンクなどは、言葉は知っていても実際に何をやっているのかはよく知らないのではないでしょうか。あなたが知らないところ、気づいていないところにも面白そうな仕事がたくさんあります。まずは、自分の興味ある製品・サービスやキーワードから、関連する組織や仕事の中味を調べてみましょう。そして、社会への興味・関心を高め、視野を広げていきましょう。

(5) 業界を知ることで視野を拡げる

どの業界に興味を持つかは人それぞれです。○○が好きだからその業界に、○○の仕事は楽しそう、やりがいがありそう…と、日々のふとしたことから惹かれることもあれば、友人・知人の話を聞いたり、雑誌や就職活動向けの業界研究本を読んだりして、特定の業界に興味を持つこともあるでしょう。

きっかけはどのようなことでも構いませんが、就職活動の対象とするためには、そこから「自分はそこでどんな仕事をしてみたいのだろう？」とイメージを具体的に掘り下げ、さらに"やりたいこと"を中心にして視野を拡げることが大切です。最初から特定企業のみが目標ではリスクがありますし、様々な角度から企業や仕事を見ることは面接対策の意味でも非常に有効です。

例えば、学生時代スポーツに打ち込んでいて、「最先端の素材や技術を取り入れたスポーツウェアに興味があるので、スポーツ用品メーカーで商品企画の仕事がしたい」と考えたとします。しかし、そのような仕事に関わることができるのは、スポーツ用品メーカーだけではありません。

素材メーカーが新素材を持ち込み、新製品を提案、共同開発することもありますし、商社や小売店からメーカーに企画を持ち込んで製品化することもあるでしょう。このように、モノやサービスの取引相手まで視野を拡げてみると、漠然とイメージしていたことを実現可能な業界・企業が意外と多いことがつかめるはずです。そして、それぞれの企業からの視点で製品やサービスを見ることによって、本当に自分がやりたいのは何なのか？を具体化していくこともできるでしょう。

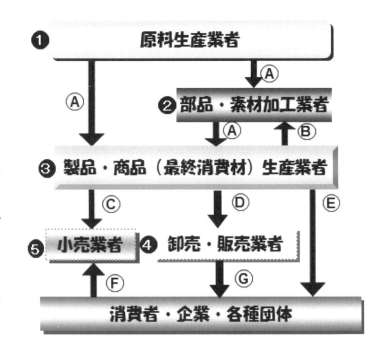

（6）総合職と一般職のちがいはなに？

　みなさんは、「総合職」と「一般職」との違いを知っていますか？

　まず「総合職」とは、古くから日本企業が行ってきた採用システムで、終身雇用を保証してもらう代わりに、原則として「何でもやってもらいます」「どこにでも行ってもらいます」ということを了承するものです。従来から日本企業は、特定の仕事に長く従事するのではなく、さまざまな職種や勤務地を経験させ、ゼネラリストを養成する傾向が強いことに加え、組織変更などが柔軟に行えるメリットを確保してきました。

　もうひとつの「一般職」とは、勤務地（地域）や職種がある程度の範囲で固定された採用コースで、企業により多少異なるものの、事務系職種で総合職の補佐的な仕事を行うことが大半です。特に女性の場合、職種や勤務地が固定される分、自宅から通うことができたり、帰宅時間が比較的早かったりなどのメリットがある反面、総合職と比較すると給与や手当がやや低く抑えられるというデメリットもあります。一般職採用に臨む場合は、自分がやってみたい仕事が一般職の対象でなければ意味がありません。

　これらを踏まえた上で、「職種別採用」に注目しましょう。これは、文字通り職種別に採用枠を設け選考する方式です。昔から外資系企業は（欧米ではそれが当たり前なこともあり）職種別採用の比率が高いのですが、最近では、日本企業でも職種別採用が増えつつあります。

　また、文系は総合職・一般職、理系は職種別採用という企業もありますし、入社３、４年後に（本人の希望も考慮し）必ず人事異動を行う、という企業もあります。

（7）いろいろな仕事について知ろう！

　企業によって組織はさまざまですから、職種も多種多様ですが、どの業界のどの企業でも、共通して存在する仕事があります。社員採用・教育研修や異動、昇給・福利厚生などを担当する「人事」、備品整備など業務を円滑に進めるために様々なサポート業務を行う「総務」、資金管理・運用や入出金処理、財務戦略立案などを行う「経理」「財務」、法律的な側面で各事業を支援する「法務」、ＩＲなど企業全体の広報活動を担当する「広報」。これらの仕事は一般的に「スタッフ部門」と呼ばれており、企業により規模や内容に違いはあっても、本質的に共通する仕事であるため、一度経験を積めばどの企業に行っても仕事が応用できる、というメリットもあります。

　一方、企業の中で事業活動の中心となるのが「ライン部門」です。なかでも、実際に取引先と交渉を行う「営業」部門の占めるウェイトが大きく、商品の企画立案、広告宣伝なども広い意味では営業部門に含まれます。文系の学生の総合職採用の場合は、この営業部門への配慮を想定するのが王道といえるでしょう。ただし、一口に営業と言っても、業界や企業によって仕事の内容は千差万別ですから、企業のHPや就職情報サイトの先輩社員などの記事をよく読み、自分の希望に合う仕事なのかチェックが必要です。不特定多数の企業へ訪問して商品を売り歩く典型的な営業職もあれば、特定のパートナー企業として手を組み、相手先の商品開発をサポートするような営業職もあります。そのほか、物流や資材調達などを担当するサプライチェーンの仕事も「ライン部門」にあります。

また、技術や知識、情報を提供する仕事として「接客・サービス」「MR」「SE」などがあります。これらの仕事は、学生時代の専門をあまり問われないことが多く、入社してから教育研修を受け、ノウハウや技術を身につけることができるので、エキスパートとして将来的なチャンスが大きいのが特徴です。性別による格差もほとんどありません。保険・証券などの金融も同様ですが、企業によっては採用の対象となる専攻が限られる場合もありますので注意してください。

　一方、理系の仕事は、一般的に研究部門や製品開発部門、生産部門となりますが、研究部門は専門性が高く少数精鋭となりますので、採用選考のハードルも高くなります。製品開発や生産部門についても、専攻によって採用対象になるかが異なります。理系の場合は、職種に加え、事業部門も絞って応募することもあります。基本的にはこの時点で仕事を自ら選ぶことになりますので、じっくり情報収集をして絞りましょう。また、最近は営業や商品企画などの仕事も、理系の学生を求めているケースが少なくありませんので、最初はできるだけ幅広く仕事を研究するように心がけるとよいでしょう。

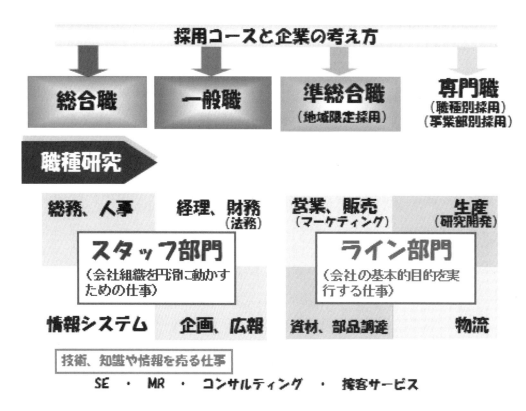

(8) 就職活動について考える

　入学したばかりの一年生のみなさんにとっては少し唐突に感じたかもしれません。確かに就職活動は数年先に行うことです。この章でも就職活動の方法の詳細やノウハウを伝えるわけではありません。

　就職活動・対策といった言葉からは、試験を突破するためのノウハウを獲得するための一過性の活動や、一部の能力評価への対応と考えてしまう人が多いかもしれません。しかし、採用する側は、その時点の能力がどうかよりも、将来活躍できる人材かどうかを見極めようとしています。

　将来の社会での活躍に向けて、そのためのヒントの一つとして、就職周辺の状況について知っておきましょう。

（9）日本式就職活動のススメ

「就職活動」と言うと、みなさんはどんなイメージが浮かびますか？アルバイトをするために履歴書を書いたり、面接を受けたりしたことはあるかもしれませんが、キチッとスーツを着て真正面から企業を訪問することは、ほとんどの人は経験が無いことでしょう。

日本では、3月に卒業してすぐ4月1日付けで入社する「新卒採用」が広く行われていますが、そのための選考は、卒業の1年以上前から始まっています。民間企業への大学生の就職活動は、3年生の年末から4年生の夏がピーク。3年生の3月中旬には、本格的に動き出し、エントリーシート（履歴書に類する書類）の提出や企業説明会、面接などが行われているのです。これほどの規模で、大学生の採用活動が一斉に行われるのは、世界的にみても珍しいことですが、時間をかけて優秀な人材を見極めて確保したい企業と、さまざまな企業を訪問したうえで就職先を選びたい学生の思惑がマッチするシステムとも言えます。

さて、「新卒採用」というシステムとはどういうものなのでしょうか？

新卒採用は、「終身雇用」「年功序列」とともに長い間日本社会を支えてきた仕組みとも言えるものです。企業は実務経験も専門知識も乏しい学生を採用し、長いスパンで人材を育て、企業力を向上させてきました。その結果として、世界的に見ても極めて低い離職率とともに、高い忠誠心を背景とした質の高い労働力確保を実現し、世界的な競争力を育んできたと言っても過言ではありません。また、新卒採用の選考は「職務経験・能力ではなく、学力や人物評価などで学生の『潜在能力』を見て採用する」のが特徴です。理科系採用などの一部の例外はありますが、多くは大学で履修した学部や専攻に関係なくエントリーすることができるのも大きなポイントです。

一方、海外では、技能や経歴を積み上げ、キャリアアップを狙うのが一般的な就職活動です。そのために、大学在学中から積極的にインターンとして希望する世界に飛び込む、ということが日常的に行われています。

日本社会の中で初めての就職活動を行うみなさんは、新卒というカテゴリーの中で、すべての企業が自分の進路の対象となる「一生に一回の絶好のチャンス」をもっていることを強く認識してほしいのです。

日本企業の新卒採用は（欧米企業とは違って）、経験や能力だけではなくポテンシャル（潜在的な力）を見極めて採用します。したがって、企業が重要視することは大学で「何を学んだか（専攻したか）」ということ以上に、「4年間、自由にできる時間をどのように使う人間か」ということです。力を入れたことは勉強だという人もいれば、クラブやサークル活動、または大学外での活動に力を注いでいる学生もいるでしょう。そこで重要なことは、「何を」ということでなく、その行動を「なぜ選択したか」ということと、「どのように取り組み」「何を得たか」ということです。学生時代の行動そのものが、社会人としての「再現性」を強く予感させることとなるのです。

言い換えれば、「目的意識をもって行動できる人材」「行動したことから学ぶことができる人材」が、社会で活躍するためのポテンシャルが高い人材なのです。そしてそれは企業や自治体、官公庁などに就職する場合だけではなく、医師や弁護士、企業家など、専門的な力で仕事をする場合、独立して仕事をする場合も同様です。

（10）就職準備には何が有効？

　多くの民間企業の大学新卒者の採用活動は、学生が3年次から4年次にかけて行われます。公務員の採用試験は4年次の前半、その他、国家試験のスケジュールは資格ごとに異なります。公務員や国家資格の試験は1年以上前からの準備が必要になりますが、ここでは民間企業の大学新卒者採用の一般的な流れを中心に紹介します。

　採用試験は概ね以下のような要素で構成されています。

---

①エントリーシート

　文章での人物評価、履歴書の発展版。

　「大学時代に力を入れたこと」「あなたの強み」「会社の中でやりたいこと」などのテーマを中心に、300字〜1000字程度で文章化する。近年ではインターネットでの書き込みが中心。

②筆記試験

　数理能力、言語能力、一般常識などの基礎能力テスト。

③面接

　若手社員、中堅社員、役員など2，3段階で行われることが多い。

　聞かれる内容は一定ではないが、上記エントリーシートの項目などが中心となる場合が多い。

④その他

　グループディスカッション、プレゼンテーションなど。

　各行程を通じて対象者を絞り込んでいきますが、人気企業では希望者が数万人に上り、各行程ごとに半数以下に絞り込んでいくと考えておくべきでしょう。

　筆記試験は基礎的な能力のチェックであり、出題内容の把握、問題集などに取り組んでおくことも必要ですが、長期での対策を必要とするものではありません。

　エントリーシートや面接での評価基準は各社さまざまですが、前述のようにポテンシャルを見極めようとしています。「目的意識をもって行動できる人材か」「行動したことから学ぶことができる人材か」といったことを中心に、それを証明できそうな事実、エピソードを確認しているのです。

　取り組んだことや志望動機を題材として、あなたのものごとへの取り組みの姿勢や意識が確認されていきます。そしてそれらは短期的な対策や練習ではなく、普段の行動の積み重ねがあって初めて出来上がってくるものです。

　また、グループディスカッションなどを通じて、グループの中で円滑な立ち振る舞いができるかどうかを確認される場合もあります。これも同様に十分な経験がなければ対応は難しいでしょう。

　近年では、インターンシップなどを通じて、少し長い期間をかけた採用も多くの企業で取り入れられています。

　このように、民間企業の採用試験では、特別な知識や技能だけではなく、普段の行動で積み上げられているものが重要視されます。公務員の試験についても、筆記試験については別途の対策が必要となるものの、面接などについては同様です。

　普段の活動の中で目的意識をもった行動を心がけ、また行動した結果から何を学ぶことができたのか考えることを習慣化しておくことが必要です。言い換えれば大学生活の中でP（PLAN）D（DO）C（CHECK）A（ACT）が実践できているかどうかが問われているのです。

　1年生のみなさんにとっては就職対策を急いでやらなければならないわけではありません。それよりも、目的意識をもった行動や、行動の結果から学ぶことを早い時期から意識し実践していくことが大切です。

　目的意識をもって、学問はもちろん、課外活動を含めた大学生活に前向きに積極的に取り組んでください。

　それが就職、そして将来の社会での活躍に繋がっていきます。

6. キャリアをデザインする

さて、いよいよキャリアデザイン編もあと2ページで終了です。ここでは、これまでの総括として、以下の問いに答える形で学生生活を送る上でのキャンパスライフ・キャリアデザインをしてみましょう。

問①） 10年後の私の履歴書を書いてみましょう。

履 歴 書　　　　西暦　　年　　月　　日現在

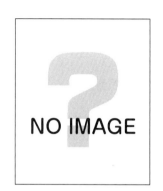

ふりがな							
氏　　名							
西暦　　年　　月　　日生　（満　　歳）						男 ・ 女	

ふりがな	電話番号
現 住 所	－　　　　－
	メールアドレス
	@

年	月	学歴・職歴
		学　歴
		高等学校　　卒業
		職　歴

年	月	免許・資格

年	月	賞罰

自己PR

趣味・特技

通勤時間	約　　時間　　分	扶養家族（配偶者を除く）　　　　人
配偶者	有　・　無	配偶者の扶養義務　　　有　・　無

問②）上のようなあなたの履歴書をいまから10年後に書けるようになるためには、これからの学生生活でどのようなことができていればよいと思いますか？　総括シートに記入してみましょう！

【註】

• 以下の節については、それぞれ『大学生のためのキャリアデザイン―大学生をどう生きるか』
（ヒューマンパフォーマンス研究会編、三浦孝仁・坂入信也・宮道力・中山芳一著、2013年、
かもがわ出版）より加筆・修正を加えて部分的に抜粋・引用した。

　　　　　１．キャリアについて考える　　　　　：前掲書　106～115ページ
　　　　　２．自分自身の理解を深める　　　　　：前掲書　10～23ページ
　　　　　３．コミュニケーション力を身に付ける：前掲書　40～50ページ
　　　　　４．岡山大学を知る　　　　　　　　　：前掲書　26～35ページ
　　　　　５．仕事・社会と向き合う　　　　　　：前掲書　77～83ページ

【第Ⅲ章　参考文献】

１．キャリアについて考える
• 三浦孝仁監修『大学生からはじめるキャリアデザイン』、岡山大学出版会、2011年
• 金井嘉宏、楠見孝編『実践知　エキスパートの知性』有斐閣、2012年
• ドナルド・A・ショーン（柳沢昌一、三輪建二監訳）『省察的実践とは何か　プロフェッショ
ナルの行為と思考』、鳳書房、2007年

２．自分自身の理解を深める
• 白井利明編『よくわかる青年心理学』、ミネルヴァ書房、2006年
• 無藤隆、高橋恵子、田島信元編『発達心理学入門Ⅱ　青年・成人・老人』、東京大学出版会、
1990年
• 返田健『青年期の心理』、教育出版、1986年
• 落合良行、伊藤裕子、斉藤誠一『青年の心理学』、有斐閣、1993年
• 神戸忠夫編『青年心理学』、ナカニシヤ出版、1987年
• 日本キャリア教育学会編『キャリア教育概説』、東洋館出版社、2008年

３．コミュニケーション力を身に付ける
• 中山芳一『コミュニケーション実践入門―コミュニケーション力に磨きをかける』、かもがわ
出版、2015年
• 長谷正人・奥村隆編『コミュニケーションの社会学』、有斐閣アルマ、2009年
• 貴戸理恵『「コミュニケーション力がない」と悩むまえに　生きづらさを考える』、岩波ブック
レット、2011年

５．仕事・社会と向き合う
• J.D.クランボルツ・A.S.レヴィン著／花田光世・大木紀子・宮地夕紀子訳『その幸運は偶然で
はないんです！』、ダイヤモンド社、2005年

『岡山大学入門講座&キャリア形成基礎講座2020』
執筆者一覧

第Ⅰ章　スタートアップ編

1・2	太刀掛　俊之	TACHIKAKE Toshiyuki
	中山　芳一	NAKAYAMA Yoshikazu
3	宇塚　万里子	UZUKA Mariko
	小川　秀樹	OGAWA Hideki
	稲森　岳央	INAMORI Takao
4	藤原　智孝	FUJIWARA Tomotaka

第Ⅱ章　セルフマネジメント編

1	宮崎　隆文	MIYAZAKI Takafumi
2	池畑　秀一	IKEHATA Shuichi
3	岩﨑　良章	IWASAKI Yoshiaki
	中山　光	NAKAYAMA Hikari
4	清水　幸登	SHIMIZU Yukito
	大西　勝	ONISHI Masaru
	河原　宏子	KAWAHARA Hiroko

第Ⅲ章　キャリアデザイン編

1～4	中山　芳一	NAKAYAMA Yoshikazu
5	坂入　信也	SAKAIRI Shinya
6	中山　芳一	NAKAYAMA Yoshikazu

岡山大学版教科書　　岡山大学入門講座&キャリア形成基礎講座2020

2020 年 3 月 1 日	初版第 1 刷発行
編著者	岡山大学入門講座&キャリア形成基礎講座 2020 テキスト編集委員会
発行者	槇野　博史
発行所	岡山大学出版会
	〒700-8530　岡山県岡山市北区津島中 3-1-1
	TEL 086-251-7306　FAX 086-251-7314
	http://www.lib.okayama-u.ac.jp/up/
印刷・製本	株式会社ムレコミュニケーションズ